Inge Meidinger-Geise

Elisabeth Engelhardt · Zwischen 6 und 6

*Elisabeth Engelhardt*

# Zwischen 6 und 6

*Prosa*
*aus dem Nachlaß*

Herausgegeben von Inge Meidinger-Geise

*Delp*

*Dieses Buch verdankt sein Erscheinen
der Förderung des Schul- und Kulturreferates
der Stadt Nürnberg*


Druck: Verlagsdruckerei Heinrich Delp GmbH, Bad Windsheim
ISBN 3-7689-0199-8
Printed in Germany

# Inhalt

# *Nachlaßgeschichten als Werkspiegel*

*Die Frau, die man in der Nachkriegsliteratur Frankens als hervorragend und bedeutsam nennen kann, heißt Elisabeth Engelhardt. Ihr Leben, ihr Werk bieten leise Sensationen einer Eigensinnigkeit und bleibender Kraft bei gar keiner großen äußeren Ermunterung. Das in Franken verwurzelte, konsequente Da-Sein, seine literarischen Auswirkungen, brachen mit einem zu frühen Tode ab. Für aufmerksame Beobachter der Dichtung ergab sich damit etwas so Reizvolles wie Schwieriges: Hier existiert ein schmales, vergriffenes Prosawerk in Bibliotheken und nimmt doch jeden, der sich damit beschäftigt, in seiner unmittelbaren Eigenständigkeit gefangen. Die Fränkin Engelhardt, die Vielgereiste, die Humoristin, Realistin, Moralistin, die Frau, die Alltag und Alltagssprache und -denken ihrer Umgebung scharf registrierte und umsetzte in oft atemlose, eindringliche Erzählkunst: all dies ist eins und verleiht Souveränität, Farbe, auch einen Hauch spröder Einsamkeit und Herbheit im Gemisch von Land- und Stadtempfindungen. Aus allem erwuchs ein gültiges exemplarisches Werk der fränkischen Region, ohne heimatliebedienerische Akzente und ohne modische Schielerei nach Zeitwirksamkeit, die zuweilen die literarischen Tendenzen, auch die heutige Heimat-Schau so fragwürdig machen.*

*Elisabeth Engelhardt wurde am 11. März 1925 in Leerstetten bei Nürnberg geboren. Am 8. August 1978 starb sie und wurde auf dem ländlichen Friedhof ihres Heimatdorfes, das mit der Zeit zu einem sehr modernen Siedlungsflecken nahe Nürnberg auswuchs, begraben. Kein langes Leben, aber es hatte offenbar keine Ödstrecken, die Zeit war genutzt, Ernte genug eingebracht. Musische Begabungen wurden umgesetzt in sachliche Arbeit, die immer wieder aus Begeisterung innerlich Kraft zog; Aufgeschlossenheit gegenüber Zeit und Kunstrichtungen lenkte nicht ab von sparsamer und gesammelter Arbeit an Themen, die organisch der Pendlerin zwischen Leerstetten und Nürnberg, zwischen der Arbeitsstätte im Malersaal der Städtischen Bühnen in Nürnberg und dem Schreibtisch daheim zuwuchsen. Denn immer ist es das sandige Kiefern-Bauernland der Nürnberger Ebene, ist es das bäuerliche, ackerbürgerliche Milieu und sind es*

Menschen der »Provinz«, die auf ihre Weise Welttheater und Menschenwelt allgemein spiegeln.
Ihre Kindheit unter fünf Geschwistern auf einem kleinen Bauernhof, der den Vater noch zu Fabrikarbeit zwang, war kurzer Müßiggang im Spiel und bedeutete bald Mithilfe neben der Dorfschule. Kaufmännische Ausbildungen lösten die Möglichkeiten des Zweiten Weltkrieges ab, sich 1942 als Funkerin im Oldenburgischen, dann in Hamburg und bei Kriegsende im nördlichen Schleswig-Holstein den Wind um die Nase wehen zu lassen und neue Pläne für Späteres zu fassen. Ab 1946 nahm Elisabeth Engelhardt Malunterricht und lernte nach ihren Worten in »zwei Jahren erst eigentlich sehen«. Sie lernte auf weiten Studienreisen Europa kennen. Sie malte und fing zu schreiben an und fand kein Echo, aber sie gab nicht auf. Ab 1955 war die mutige Alleingängerin, die keine Kompromisse machte und einfach arbeitete, als Dekorationsnäherin bei den Städtischen Bühnen in Nürnberg beschäftigt. In ihrer biographischen Notiz sagt sie, daß sie »wie alle ungedruckten Autoren beinahe zwanzig Jahre lang, besorgten und guten Ratschlägen trotzend, nur von ihrer Zähigkeit« lebte! Elisabeth Engelhardt scheute sich auch nicht, in Fabriken zu arbeiten. Sie trennte einfach Lebensbasis und Arbeitsnotwendigkeit im eigentlichen, künstlerischen Sinne. Leicht war das nie.
Die in Dortmund wirkende literarische »Gruppe 61«, die sich der Arbeitswelt und ihrem literarischen Niederschlag widmete, zog Elisabeth Engelhardt an. Jedoch sie blieb auch da eine spröde Alleingängerin, trotz mancher Möglichkeiten, nun sich der Öffentlichkeit und Kritik zu stellen.
1964 erschien ihr erster Roman »Feuer heilt« in einem Züricher Verlag. Bezeichnend: In Franken war es damals schwer, überhaupt belletristische Verleger zu finden, es blieb bis heute etwas von dieser »Dürre«.
Dieser Roman mit einer Rahmenhandlung, heute vergriffen, obwohl 1969 in neuer Auflage erschienen, enthält bezeichnende und bleibende Werkelemente der Engelhardt: Das kritisch-realistische sprachliche Zeichnen à la Käthe Kollwitz auf fränkisch kann umschlagen ins Makabre, ja in schwarzen Humor oder überzeugenden Aber-Glauben! Die Sprache kann eine Steigerung ins Rasante, ja Fet-

*zenhafte, ins eindringlich Jagende ergreifen, die Bilder können so derb wie menschlich packen. Ein Dorflehrer findet in alten Papieren die Spur seiner Urahnin, er liest Bekenntnisse um Schuld und Buße, er wird Zeuge eines Hexenprozesses, der zur Mahnung anwächst: Gott spiegelt sich entscheidend und gerade im Finsteren und Ungeheuren! Die Ahnin übersteht damit alle Folterungen, sie emanzipiert sich aus ihren Leiden zu einem einsamen Leidensstolz. Zeiten werden in diesem Buch miteinander verquickt, Sachliches und Fantastisches bilden eine Mischung. Das Thema der Hexenverfolgung und die Frage nach diesen Frauen, die gegen eine Wahnwelt oft nur durch Tod bitter frei wurden, entlassen aus Hörigkeiten und ahnend die eigentliche Persönlichkeitsbefreiung des Menschen, der Frau zu sich selbst, hat Elisabeth Engelhardt bis kurz vor ihrer Tumorerkrankung, die zu ihrem Ende führte, gefesselt.*

*In großen Abständen veröffentlichte diese zeitwache Fränkin; sie ließ sich nicht kaufen vom Literaturmarkt, sie kam über Achtungserfolge und Beachtung durch Kenner nicht hinaus, 1967 erhielt sie in Nürnberg den Förderungspreis für Literatur. 1972 erscheint ein schmaler Band mit Erzählprosa »Johanna geht«. Es ist eine Sammlung von Geschichten um Frauen, die nicht zuletzt durch ihre Umwelt, durch die Mitmenschen zu Außenseiterinnen und zu Verrückten im wörtlichen Sinne werden. Auch dieses Motiv dringt bei Elisabeth Engelhardt immer wieder durch: Der Mensch, besonders die vielbeschäftigt-zerrissene, alltagsgeschundene Frau, wird ein Opfer der Vorgänge, die von den Alltagsnotwendigkeiten bestimmt werden. Auch hier paaren sich realistische mit fantastischen Zügen, gerät die Schilderung zeitweilig ins Hexenhaft-Einsame, ja Dämonische. Die Porträtkunst der Engelhardt kommt mit ein paar deftig-schwarzen, ein paar reißend-hellen Strichen aus und setzt damit ein Gesicht, ein Wesen vor uns hin, holzschnitthaft und ohne Zopfigkeit fränkisch, widerspruchsherb. Monologe, Gedankenfluchten, die Nähe der »Heldinnen« zum Zwischenreich bloßer Empfindungen und Ausgesetztheiten, lassen diese knappen Prosastücke zum Modell dessen werden, was Elisabeth Engelhardt gestalten wollte: durchlässige Wirklichkeit, Erde und »Untererdiges«, wenn man einen niederdeutschen Volkssagenbegriff hier »übersetzt« anwenden darf. Es sind alte Frauen, al-*

*ternde Mütter, Tanten, Töchter in Häusern, die ihre Einsamkeiten atmen, es sind Frauen, die sinnfällig oder verrückt sich ein Stück eigenes Leben erhalten, erneuern, erkämpfen wollen. Es sind Tragödien am Rande der allgemein Dahinlebenden, so wie sie in der Provinz — und heute dürfte jeder Weltflecken solche provinziellen Züge tragen — in der »Menschenwelt« des All-Tags eben stattfinden, in Franken und anderswo.*

*In den verstreut in Anthologien erscheinenden Prosastücken (z. B. Inge Meidinger-Geises 1966/67 herausgegebenen »Texten aus Franken«) tritt auf, was sich dann im zweiten Roman konzentriert darbietet: Das Wissen, das Gestalten der kleinländlichen, von der Zersiedlung und dem nahen städtischen Arbeitsangebot irritierten Nürnberger Um-Welt und ihrer Probleme.*

*Zehn Jahre nach »Feuer heilt«, 1974, erscheint in Westfalen der romanhafte Höhepunkt des literarischen Werkes der Elisabeth Engelhardt, der Roman »Ein deutsches Dorf in Bayern«. Eigentlich hätte es wohl heißen müssen »Ein Dorf in Franken«. Hier ist den bayerischen Autoren Ludwig Thoma oder Oskar Maria Graf ein ebenbürtiges fränkisches Prosawerk entstanden.*

*Der Roman zeichnet Menschen des Nürnberger Umlandes, er führt eine Ereignislinie durch, die aus der Erfahrungswelt der Autorin ihre Farben und Kräfte zieht. Alle Sprachregister, vom Derben bis zum Frommen, vom Spannenden bis zu verhaltener Bildkraft der Landschaftsumrisse, Stadt- und Landjargon, vereinigen sich zu einer poetischen Leistung, die man ohne Sentimentalität als gebunden an den heimatlichen Boden bezeichnen kann. Diese Chronik vom Landverkauf und also Ausverkauf eines Dorfes ist auch die Chronik von der naiven Hoffnung und grausamen Schwäche der dörflichen Menschen, die aus ihrer Armut zu schnell und zu betrogen in eine verlockende und zu teuer bezahlte Abhängigkeit geraten. In einem abgezirkelten Bereich toben sich Gier und Lüge, Hoffnung und Anklage, Geduld und Glaube und krimineller Verdacht samt hämischer List aus. Mit sehr scharfem Stift, souverän erzählend in Spannungen und Widerstreitendem, hat hier die Malerin und die Dichterin Engelhardt eine Doppelprobe abgegeben von Begabung und Neigung, ihre Zeit auf ihre Weise zu zeichnen. Denn es ist das Heute, das sich hier spie-*

*gelt und viel mehr Echo verdient gehabt hätte, als dieser Roman erlangen konnte.*
*Der Nachlaß nimmt mit zwei Romanversuchen zu einem Thema ähnliches noch einmal auf. Man kann verfolgen, wie Elisabeth Engelhardt um eine neue Stufe, eine neue Verquickung von Realität und Religiosität im Sinne der Frage nach »Geborgenheit« und »Erkenntnissen« rang.*
*Aus dem reichen, aber tatsächlich wie eine Palette von Versuchen und Proben, von Werkfragen und -wegen anmutenden Nachlaß habe ich nun geschlossene Prosastücke zur Veröffentlichung gewählt, die die Spiegel sein könnten für Stufen des Gesamtwerkes. Diese Prosastücke zeigen die Kraft und auch die kritische Zurückhaltung dieser Autorin, ihre Themen nicht billig zu verwässern und weiterzuverfolgen, was sich als Einbruch von Ereignissen in den Trott des Alltäglichen erweist und das Ungeheure, die Wende im Leben eines Menschen, ernst oder schwarzhumorig, satirisch oder gleichnishaft, offenbaren kann. Dabei trägt die Geschichte um »Amanda« die Zeichen des Erprobens, des Experimentierens mit zweierlei Möglichkeiten, eine fantastische Alltagsgeschichte zu Ende zu führen. Sehr bewußt biete ich dem Leser beide Versionen an, denn beide überzeugen und runden auf ihre Weise den vergeblichen Kampf der Amanda um ihre frühe Rente ab. Dieses Prosastück weist in solchen Wendungen von der Wirklichkeit zur fantastischen Möglichkeit die Stärken und verblüffenden Eigenwilligkeiten der Engelhardt aus: Die Erzählung, die Schilderung bricht auf in andere humorig-satirische Dimensionen.*
*Ähnlich, mit anderer sozial engagierter Anklage, verfährt die Autorin bei der Prosa »Ein Skelett im Haus«. Hier findet ein magischer Tausch von Person und Doppelbild, Negativstärke dieser Person statt: Der biedere Bürger mit seinen Wohlstandsambitionen wird von seinem inneren Gewissensgespenst eingeholt und wird dadurch verrückt. Es sind die auf das pointierende Ende hinauslaufenden Prosastränge, die sich als besondere Technik des Gestaltens gerade in der schweren und Offenheiten bis zum Schluß gestattenden Erzählweise und »Story«-Neigung der Engelhardt darbieten.*
*Die Moralistin, verhalten zeichnend, ergreift nochmals mit »Nach-*

*hause« ein mehrfach gerade in den Nachlaßentwürfen und in verstreuter veröffentlichter Prosa angegangenes Thema: Umkehr des Schuldigen zu seiner nicht durch Flucht und Lüge zu deckenden Schuld, gerade im Straßenverkehr und seinen Todesfallen.*

*Die Titelerzählung greift als Studie in harter Offenheit das Elend der mitarbeitenden Frauen auf, das Elend des Alltags, wie eine Klammer morgens und abends mit der Busfahrt aufbrechend und schließend. Der Tod des alkoholhörigen Mannes wird nur eine neue Stufe neuer Befangenheit im täglichen Zirkel von Arbeit um zu leben und Leben als Arbeit bringen.*

*»Das eigene Haus«, dieser Kleinbürgertraum, bis in den Tod des Ehemannes und darüber hinaus die alternde geschundene Gefährtin an die Fabrik fesselnd, behält seine Aktualität. Es ist die herbe, spannungsreiche Sprache, die bei der Engelhardt diese Schilderungen trägt und in die Nähe von Gerhart Hauptmanns Kurzprosa einschlägiger Charakteristik stellt, auf fränkische Weise, mit solchen Sprachanklängen, mit der Porträtkunst, die gerade die Frauen der Region in ihrer Anspannung, ihren Pflichtzwängen zeichnet. Das Besondere: Immer wieder blitzen durch diese Prosa das bittere Lachen, der Hinweis auf tragische Komik der Situationen, das Wissen um die Aggressionen in einer kleinen Welt, deren Tiefen betroffen machen mit dem Leiden, der Sehnsucht, dem Stolz auch und dem Zorn ihrer Menschen.*

*Freiheit — Glück — wo gibt es das? Greift nicht immer wieder eine Macht ein und drückt Träume, Entfaltungen nieder? Die »Fabel vom Eichelhäher« ist als ein Ende und Ausblick, ein kritisches Fantasie-Dokument der Engelhardt an den Schluß dieser Nachlaßausgabe gestellt. Der Eichelhäher, der aus Neugierde mitflog in die geheuchelte und als Tyrannei sich entlarvende Obhut des Geiers, will wieder davon. Aber es gibt kein Entrinnen mehr. Die Schar der fügsamen, blind-feige gehorsamen Vögel redet ihn mit »Menschensvogel« an und will ihn zur Vogelvernunft des Sich-Unterordnens bringen. Aber der Eichelhäher wählt lieber den Tod. Die anderen singen weiter in angstvoll gespielter Harmlosigkeit, die das Tun des Eichelhähers als »Krankheit« erklärt. Der »geistesgestörte Spaßmacher« findet nur*

*im Zaunkönig, der sich eine neue Freiheit durch seine Träume erhofft, einen geheimen Bruder.*
*Hartes und Hoffnung reiben sich, Elend und Glaube an die Herzenskraft des Menschen, an seinen letztlichen Mut auch, geben dieser Nachlaßprosa wie in einem Spiegel, der auf die ganze Werkleistung der Elisabeth Engelhardt deutet, ihr ausgespanntes Gewicht.*
*Innerhalb heutiger realistisch-kritischer fränkischer Prosa mit dem Höhepunkt Ludwig Fels kann sich das Werk der Autorin nicht nur sehen lassen, es ergänzt auf seine Weise die Tendenz, die Welt »der kleinen Leute« darzustellen und in ihr die große »Lumperei« und die große naive Frömmigkeit, Berechnung und Unberechenbares, sich begegnen zu lassen.*

Inge Meidinger-Geise
Erlangen, Juli 1982

## *Zwischen 6 und 6*

Nun trotten sie von allen Seiten zur Haltestelle, verdrießlich in der Morgenkälte, mit mürrischen Dobermanngesichtern, es ist drei Minuten vor sechs.

Ich stoße den Sportwagen durch den dünnen Schnee, er wird nicht liegenbleiben, es ist erst November, meinen Curd im Wagen, eingewickelt wie eine Mumie, nur die Augen schauen heraus, und meine Cousine führt Brigitt an der Hand, sie ist schon fünf.

Ich sage: »Ich habe die halbe Nacht nicht geschlafen, dreimal aufgestanden, er zahnt nämlich. Ich hab reingefühlt, gesehn habe ich ihn nicht, aber gefühlt.«
»Wann ist er heimgekommen«, fragt meine Cousine.

»Überhaupt nicht, seit Samstag nicht. Es wäre mir egal, wenn er meinen Fünfziger nicht erwischt hätte. Deswegen kommt er nicht heim.«
»Warum versteckst du das Geld nicht?«
»Hab ich doch. Er findet alles. Der kanns riechen, wenn eine Kröte im Haus ist.«
»Dann laß es doch auf der Sparkasse!«

So ein Quatsch. Soll ich es mir pfennigweise von der Sparkasse holen?
Im Radio sagen sie jetzt die Minute der Besinnung. Das Licht der Dorflampe an einem Draht quer über die Straße gespannt, milchigweiß, fällt sanft auf das Wirtshausschild vom »Roten Lamm«, und nicht genug, daß er seinen eigenen Lohn vertrank, falls er einen bekam, alle heiligen Zeiten, falls es beliebt hatte, mal wieder eine Woche zu arbeiten, schuften, so sagte er, schuften für den Wirt, nicht für Frau und Kinder, muß meins auch noch durch die Gurgel.

Groß und herrlich die Sterne hinter dem Dach der Schmiede, wenn ich wüßte, wie die Bilder heißen — und manchmal verstecke ich das Geld so gut in wechselnden Verstecken, daß ich selbst nicht mehr weiß wo, er findet alles, unter dem Bettpfosten, im Brautkleid eingenäht, in einer Schuhschachtel, im Keller unter einem Glas Bohnen, findet es überall.
Autos kündigen sich, noch bevor sie zu hören sind, vor der Kurve,

mit huschenden Scheinwerfern an, brechen mit grellen Glotzaugen zwischen Hausmauern vor, jagen die Bahn herunter, andere, die zu zweit arbeiten gehn, haben Auto oder Haus oder beides.
Paarweise und einzeln kommen sie angezottelt, schwarze Schachfiguren von allen Seiten über ein blaues Feld, schütteln die Kälte ab, stoßen Dampf aus den Mündern, vergrößern, vervielfachen die Menschentraube an der Haltestelle, während oben, am Ortseingang eine Helligkeit am Himmel wie Feuerschein aufgeht, murmeln sie, recken die Hälse, er kommt, er kommt — Scheinwerferpaar in der Schnauze und am Verdeck Positionslichter und innen erleuchtet, ein Festsaal, wenn er so herunterkommt, verheißungsvoll aus der Finsternis, gläsern, lampenbestückt, sieht er aus wie ein Schiff, wie ein Dampfer übers Meer heranschwimmt, gelb und warm von Lichtern. Dreißig Paar Füße scharren, der Mann, bisher bewegungslos neben mir, spuckt seinen Glimmstengel aufs Pflaster und schiebt — alle drängeln und schieben, du meinst, hintendran stehn Treiber und schlagen mit Peitschen in den Haufen Rücken und vorne rudern sie rein, der Mann da neben mir würgt seinem Vordermann die Aktentasche ins Kreuz, der Vordermann dreht sich um, »dir werd' ich drängeln« und haut ihm seine Aktentasche auf den Schädel, aber sie schieben weiter, verbissen mit Hörnern und Hufen, keilen wie Keiler, ich stehe da mit meinem Kinderwagen und warte, bis er die hintere Tür öffnet und schreie »aufmachen, auf . . .« er weiß doch, er sieht es, der sture Hund und macht endlich auf, klappe den Wagen zusammen mit Curdchen auf dem Arm, und von drinnen faßt einer zu, zieht, hebt, meine Cousine mit Brigitt hat es geschafft, ich laufe nach vorn, wenn ich auch einen Mann hätte wie andere Frauen, der seine Familie ernährt, und lasse die Fahrkarte zwicken, da ist ein Gedränge, weil der Einarmige eine Frau vom Schwerbeschädigtenplatz jagen will, die ihn ankeift, »Sie mit Ihrem Arm können freilich nicht stehen«, und rutscht auf dem Sitz, der Einarmige hebt seinen Arm als wolle er nach ihr schlagen, ist aber nur sein Schwerbeschädigtenausweis, meine Knochen hingehalten fürs Vaterland, sie rutscht vom Sitz, drängt nach hinten, will sich nicht beruhigen, wieso der nicht stehen kann mit einem Arm. Ich zwänge mich nach hinten zum Sportwagen und stehe im Gedränge, Curd auf dem Arm, hinten sitzen die Stifte

und wie sie mich sehen, Mutter und Kind, sinken sie in sich zusammen, fallen in tiefen Schlaf. Ein Mann steht auf.
»Danke«, sage ich und setze mich hin. Sind immer dieselben, die aufstehen wenn andere schlafen wie die Gehängten, aber jetzt blinzeln sie, gähnen, sind plötzlich wieder da. Neugierig bin ich, wann er nachhause kommt, nicht bevor er den Fünfziger verputzt hat, früher nicht, meinen Fünfziger, und ich überlege, von was wir diese Woche leben sollen, heute ist Montag.
An der nächsten Haltestelle drängen sie herein und an der übernächsten und wenn der Bus vollgepackt ist, werden immer noch welche dazugepackt, wir wollen auch in die Arbeit, schreien sie draußen, Jesus, haben wir einen Zirkus. Am Fenster klebt ein Muster aus zersprühtem Schmutz, ich wische den Dunst weg, sehe in der Nachtschwärze die Spiegelung der Innenleuchten, sehen aus wie verirrte Monde, verchromte Haltegriffe und gereckte Arme und Hände, schön, daß ich sitze, und fahlhäutige Gesichter und meines, haha, das ist meines, und wenn ich es ansehe, spitze Nase, breiten Mund, frage ich, was es mit mir zu tun hat, könnte genauso ein anderes, aber es ist nun mal meines, und schaukle Curdchen auf dem Schoß, es geht warm weg von ihm, zu warm, Curdchen, du wirst mir doch nicht . . . ? Er quengelt schon wieder, die Frau neben mir kitzelt ihn unter dem Kinn, dududu, ich sage: »Er zahnt nämlich.«
Irgendein ekelhafter Kerl schnüffelt und regt sich auf und es tönt in seiner Nase wie er die Luft ansaugt.
»Stinkt«, sagt er, »hier stinkts wie die Pest!«
Nun ja, ich spüre es warm durch die Windeln, es ärgert mich »Sie haben die Windeln auch vollgemacht in dem Alter, oder?«
»Aber nicht im Omnibus.«
»Geben Sie mir jede Woche Ihr Geld«, sage ich, »dann kann ich zuhause bleiben«, ist ja wahr, oder? Was die Männer für Nasen haben, als ob das Gift wäre. Und ein Bauarbeiter sagt, und meint, ich höre es nicht, aber ich höre ganz gut, vielleicht will er auch, daß ich es höre, »Jetzt schleppen die Weiber ihre Fratzen schon in die Arbeit mit« und eine Frau — die Gesichter kenne ich alle, aber fast keine Namen, fährt ihn an »So ein blödes Gerede, als ob sie die Kinder zum Vergnügen mitschleppt!«

»Wo sowieso kein Platz ist, stehen wie die Heringe . . .«
Die vom Dorf tun fremd, als ob sie mich nicht kennen, außerdem ist mein Sportwagen zusammengeklappt, viel Platz nimmt er nicht, jetzt fängt mein Curdchen zu brüllen an.
»Das hat uns noch gefehlt, ein Konzert, in der Herrgottsfrühe so ein Konzert!«
»Legen Sie sich in so einen Brei, dann brüllen Sie auch!« Ist ja wahr.
»Alles menschlich, alles menschlich«, sagt jemand und ich schaukle ihn hin und her, pssst Curdchen, psst, sei schön brav, er hört nicht, stecke ihm den Schnuller in den Mund und Curd reißt ihn raus, weg, untern Sitz bevor ich die Hand rühren kann, ich schüttle ihn, du Fratz, ich hau dir eine runter, du Fratz! Die Frau versucht, unterm Sitz nachzusehen, ach, der kann hinten liegen oder vorn, was der schon Schnuller verschlampt hat, sage ich, das glauben Sie nicht! Ich hau dir den Hintern voll, warte, ich . . . die Alte vor mir dreht sich um, »Schämen Sie sich nicht«, und ich: »Schauen Sie auf sich, Sie!«
»Möchte wissen, was die für einen Haushalt beisammen hat!«
Soll sich nur um ihren kümmern, soll sich jeder um seinen kümmern.
»Eia, eia, dudu«, die Frau neben mir will ihn trösten, läßt ihre Finger vor seiner Nase zappeln wie ein Käfer, der auf dem Rücken liegt, seine Beinchen, er beruhigt sich nicht.
Die erste Haltestelle und ein paar Leute drücken sich raus und wir schnappen einen Schwall frischer Luft, in zehn Minuten sind wir da. Durch Wald und Nichts scheinen die Lichter des Bahndamms in glühendem Gänsemarsch und jetzt rücken die Autokolonnen vor, mit langen, hellen Rüsseln, einer am andern. Rangierbahnhof und noch drei Minuten. Curdchen, dann steigen wir aus. Er bremst sachte am Randstein, die Türe schnurrt, einer vom Dorf stellt meinen Wagen raus, meine Cousine reicht mir Brigitt, habe ich alles? Curdchen, den Wagen, die Tasche, raus an die Luft. Ich setze Curd in den Wagen, du altes Ferkel und Brigitt setzt sich dazu, das Trüppchen Leute strebt auseinander, der Bus rollt weiter in die Stadt, und ich schiebe die Bayernstraße hinunter, auf dem breiten Gehsteig, kurzes Stück zwischen Schrebergärten, die Häuser im Hintergrund wie Fel-

sen, dunkle und beleuchtete Höhlen zwischen Tag und Nacht, überwiegend Nacht. Sind ein paar Grad Kälte, »ist es dir kalt, Brigitt?« Ich zieh' ihr die Decke über die Füße, sie kann die Füße nicht ruhig halten, strampelt mir die Decke andauernd runter, das bißchen gestriger Schnee, zu Matsch getreten, hat angezogen, schiebt sich nicht besonders schön, hart und holprig, ich hole Frau Krause mit ihrer Dora ein, die wohnt hier in der Nähe. Vor dem Betriebskindergarten sind wir schon ein ganzer Verein, Frauen mit Kindern und Kinderwagen. Früher war das eine Villa, die Gegend soll einmal grün gewesen sein, die Fabrik noch weit weg, eine kleine Bude, jetzt ist alles Fabrik, das Grüne ganz klein, du läufst vom ersten Eingang zum letzten glatt eine Viertelstunde.

Wir schieben in den Garten, im Sommer können sie hier spielen, Sandkasten, Schaukel, ein Reck für die Größern, sind sie von der Straße weg. Es wabelt und wurlt und schreit, Kinder in allen Sorten und Sprachen, Dora ist mit Brigitt schon mittendrin, ich stelle den Wagen ab, trage Curdchen ins Babyzimmer, erst mal wickeln, pudern, da muß eins doch quengeln in so einem Brei, er kriegt seinen Frosch, einen grünen Frosch zum Aufblasen, sie haben sämtliche Tiere, und ich sage zur Schwester, er ist ein bißchen quengelig, denn er zahnt, sei schön brav, Curdchen, winkewinke, gehe mit seinen versauten Windeln eine Treppe tiefer in die Waschküche. Nur auswaschen, kochen muß ich die Windeln zuhause, und sage zu mir, du kannst nicht lang trödeln, die Zeit ist knapp und will sausen und höre die Frau, na, sie ist nicht verheiratet, Fräulein Staschik, wir sagen einfach Betty, hinter mir schreien »He, du alte Sonne, laß mich mit!«

Anders als im Trab habe ich die noch nicht erlebt.

Wir laufen und erwischen die Uhr mit knapper Not, sechsuhrneunundfünfzig als wir stempeln. Die andern sitzen schnatternd im Saal, es schellt während wir unsere Mäntel ausziehen, rasch in die Schürze schlüpfen, der Meister kommt gerade herein.

Mir gefällt es hier, auf jeden Fall schöner als daheim und mir graust es, wenn ich denke, was heute abend . . . und wenn ich das zu einer sage, schüttelt sie den Kopf, tun alle, die es hören, sagen du bist verrückt. Man braucht sich nicht anzustrengen. Ich nehme ein Relais,

die Drahtenden, den handlichen Lötkolben, kleckse einen winzigen Tropfen Lot auf die Kontaktstelle, das geht elektrisch, ist nicht schwer, dazu braucht eine bloß feine, empfindliche Fingerchen, für solche Knubbel wie meine ist es ein Kunststück, tausendmal jeden Tag, aber ich möchte in keine andere Abteilung, keine läßt sich freiwillig versetzen. Die Arbeit gefällt mir, und ich kenne alle in meiner Nähe, den ganzen Saal nicht, soviel kann eine nicht kennen und wenn sie hier zwanzig Jahre, ich kenne keine, die zwanzig Jahre geschafft hätte, die Augen oder das Zittern. Der Meister sitzt oben an seinem Tisch, hat alle im Auge, da sieht er keine so genau, ausgenommen, er sieht eine besonders gern oder ungern, und auf die schaut er immer, ich falle nicht auf, das Beste, finde ich. Jede hat ihre Arbeit, ich mache die roten, blauen, gelben Drähte, was weiter passiert, von dem habe ich keine Ahnung. Betty raschelt unter dem Tisch mit ihrem Butterbrotpapier, dann geht sie mit dem Kopf ein bißchen runter, beißt rasch und verstohlen in die zusammengeklappte Schnitte, rennt meistens nüchtern fort und stillt ihren Hunger so nebenbei.
Meine schönste Arbeit bisher. In der optischen Bude mußte ich andauernd im Wasser pantschen, vielleicht hätte ich diese ungelenken Knubbelfinger nicht, nachher Büglerin, die meisten Frauen werden schwach wenn sie das Wort bloß hören, ich habe gern gebügelt, so ein Herrenhemd, wie das glatt wird beim Drüberfahren. Und ich habe das Bügeleisen gern gerochen. Die Chefin klapperte mit ihren Absätzen auf, ab, hin und her wie ein Polizist, ihre Absätze machten uns verrückt, und sie schaute, wenn wir uns erzählten, als würden wir sie bestehlen, weil die Zeit ihr gehörte. Immer auf einem Fleck stehen, haben die Beine nicht mitgemacht, jeden Abend geschwollene Füße, ich habs mit Latschen versucht: Kam abends nicht mehr in die Schuhe, so dicke Füße. Aber das hier ist eine schöne Arbeit. Man macht sich die Augen kaputt, sonst nichts, Betty trägt eine Brille, Frau Kanzler trägt eine Brille — ich sage, du kannst hin, wo du willst, steckt irgendwo der Wurm drin. Diesen Freitag mache ich es anders, lasse die Lohntüte im Betrieb, da habe ich einen Schrank und einen Schlüssel, kann absperren, geht keiner dran, und nehme soviel mit, wie ich brauche über Samstag/Sonntag, und wenn der Lichtmann kommt? Noch keine Kohlen für den Winter. In meinen Geld-

beutel darf ich nicht alles reinstecken, da findet er eine Gelegenheit, wie oft hat mir ein Zehner gefehlt oder ein Zwanziger, darunter tut ers nicht. Hier ist kein Zuchthaus, können wir erzählen soviel wir wollen, ich rede kaum und höre nur Stimmengemurmel und muß auf die Knubbelfinger sehen, dazu brauche ich meinen Kopf. In der Kantine zahlen wir 40 Pfennig für das Essen, so schlimm wie die andern sagen, ein Fraß, ist es nicht. Was stelle ich heute abend auf den Tisch. Kartoffelbrei? Eine blinde Soße dazu. Vielleicht Pellkartoffeln und Quark. Wir können aufs Klo wenn wir wollen, früher mußten wir bei der alten Hexe den Schlüssel verlangen, damit er nicht verlorenging, wollt' sie uns weismachen, sie wollte bloß wissen, wie lang, und wenn zwei zusammen, dachte sie Meuterei, und schimpfen draußen über sie, heute wäre ich nicht mehr so dumm. Wenn ich keine geschwollenen Beine, wäre ich heute noch dort, weil ich Angst habe vor neuen Gesichtern. Hier kriege ich sechzig Pfennig mehr in der Stunde, macht schon einen Unterschied, aber das versäuft er genauso. Er hat's nicht verwunden, daß ich einmal nachts von der Kirchweih mit Richard nachhause, nie, und Richard hat mir seine Begleitung angeboten, er war auf dem Feuerwehrkurs damals und ich bin mit meiner Cousine zum Tanzen, hätte ich Richard genommen, der ist Schmied und hat eine Reparaturwerkstatt für Traktoren. Das war, Brigitt ist jetzt fünf, so vor sechs Jahren, und irgendwie, in so einem Dorf wird alles getratscht, kriegte er Wind von der Geschichte, wenn er besoffen ist, rührt er die alten Geschichten auf, die schon lang nicht mehr wahr . . . danach fing er die Sauferei an, und wenn damals wirklich . . . habe ich dreimal, zehnmal abgebüßt . . . ich hab Augen wie Plattfüße. Als müßten sie mein ganzes Gewicht halten, und mein Kopf schwappt wie ein Sack voll Wasser, der jeden Moment platzen und auslaufen kann, dann kommt die verflossene Nacht wieder zum Vorschein . . . bis der alle Zähne hat, kostet mich Schlaf . . . Zahn um Zahn. Curdchen ist weg. Er müßte in meinem Bett liegen, und ich werfe das Bett raus bis auf die blanke Matratze, wenn er im Keller, und springe die Kellertreppe runter, Curd, Curd, wo bist du, hier nicht, November und keine Kohlen, frage bei der Nachbarin, ob Curdchen in ihrem Keller, steige auf ihren Kohlenhaufen und suche die letzte Ecke ab, und sehe mich durchs Dorf laufen, und höre mich die Leute fragen, habt ihr mein Curdchen? Wir? Schütteln den Kopf, er liegt im Brunnen, jetzt weiß ich, im Dorfbrunnen, und wälze die schweren Bohlen über dem Brunnenloch beiseite, da unten schwimmt eine tote, hochaufgedunsene Kuh, ich treffe den Wirt, wie er gerade den Spund einschlägt, und weist mich zum Tisch hinüber, zu den Kartenbrüdern, und weiß auch so, wer die Karten abhebt, stiert mich blutunterlaufen an, wer gibt, eine wie dich kann ich auf jedem Misthaufen finden, ausgerechnet er, das Kind schreit auf der Straße, da sitze ich auf dem Dach, warum jetzt, und suche im Sturz nach Halt keiner da als dies alte Dach, glatt wie eine Eisfläche, da unten werde ich mich fangen, in der überschwappenden Regentonne, und falle, und falle immer tiefer, so haltet mich, haltet mich auf, unaufhaltsam in meinem rasenden Sturz, wundert mich, daß ich mich nicht fürchte, die Schauplätze wechseln, längst hinausgeschleudert in etwas Schwarzes, und höre ihn schreien, Curd, Curd in der Falle, kann mich nicht rühren, sehe den Traktor über den Rand meiner Grube hinweg, sitzt ein altes Weib am Steuer mit Curd auf dem Schoß, du hast ihn gestohlen, halt, halt, schreie ich durch den Lärm des Dieselmotors, schreie, du hast meinen Curd gestohlen, die Alte gibt Gas, immer mehr Gas, du alte, zahnlose Hutzel, er gehört mir, mein Curdchen, du alte, verdammte Kidnäpperin, kann mich nicht rühren, wo eben die Alte auf dem Traktor mit Curdchen war, steigt eine große, dicke, graue, gelbe Staubwolke, ein Rauchpilz von der Erde zum Himmel hinauf. »Du alte Sonne«, sagt Betty, »ich glaube du schläfst schon wieder, du alte Sonne!«

Großer Gott. Ich bin wie erschlagen, da sehen sie alle auf mich und grinsen. Ihr amüsiert euch.

»Er kann dir nicht weglaufen, dein Curdchen, haha!«

Ich bin hochgeruckt, in meinem Kopf driften letzte Baumstämme hinab, der Strom selbst, nur schale, brackige Abwässer bleiben zurück.

Was bin ich froh.

»Ich braue dir einen starken Kaffee«, sagt Frau Kanzler, »dann wirds besser!«

»Ja«, sage ich, lahm vor Schreck, und sie geht. Ich warte noch, und

gehe hinterher, wir setzen uns in den Aufenthaltsraum, trinken eine Tasse Kaffee.
»Du bist ganz schön fertig.«
»Ja.« Es war schrecklich. »Hab' ich lange geschlafen?«
»Ach wo. Paar Sekunden, mehr nicht.«
Und ich dachte, das waren Stunden. Ich weiß nicht wie.
»Geht uns allen so. Der tote Punkt.«
Die ist eine gute Seele. Eigentlich alle an meinem Tisch, ich bin wie gerädert.
Um halb vier, Montag und Freitag machen wir eine Stunde früher Schluß, hole ich Brigitt und Curd aus dem Kindergarten. Was bin ich froh. Und schnaufe jetzt noch schwer, wie eine Alte mit einem Kropf. Da hasten wir zur Haltestelle durch Matsch und Pfützen, müssen uns beeilen, Autos fluten vorbei, und halte mich dicht unter den Häusern, sie spritzen den Dreck durch die Gegend, es ist wieder dämmergrau, trüb und noch hell, wenn es dunkel wird, funkelt es in der Stadt als wären alle Häuser, Schaufenster, Straßen auf einem Ball, ich komme noch zurecht, schnaufend wie ein alter Gaul, der Omnibus gerammelt voll, hebe den Wagen zur hintern Türe rein, Curd auf dem Arm, den lasse ich nicht los, nicht um die Welt.
»Geh weiter, geh durch nach hinten, Brigitt«, sage ich.
Sie setzt sich hin. Einfach so nieder, setzt sich auf den verdreckten, mit Matsch und Schneewasser getränkten Gummiläufer, auf dem sich hundert Leute und mehr die Dreckstiefel abgetreten — mit ihrem Flauschmantel mitten rein, kostet mich fünf Mark für die Reinigung und ich reiße sie mit meiner einen, freien Hand, am Ärmel hoch, »du Schwein, du . . .« schlage mit meiner einen, freien Hand wohin ich treffe, und sie heult, sei ruhig Brigitt, »ruhig!«. So schlimm war es nicht, aber die Leute, Rabenmutter, empören sich: Sie gehört verprügelt, sie, an einem kleinen Kind seine Wut auslassen, pfui, alle, die hier stehen und sitzen, pfui, schämen Sie sich, das arme Kind.
»Ist es meins oder Ihres«, schreie ich die Frau an, die ihren Arm um Brigitt legt, mitleidig, »armes, du armes Wurm«, ich ziehe das Kind weg.
»Mach, daß du nach hinten kommst, los« und heule fast, fünf Mark für die Reinigung, muß ich bezahlen, wer sonst, keins von euch, und

ich hab genug, daheim hockt es, im Brautkleid, in der Schuhschachtel, unter den Einmachgläsern, »morgen zieh' ich dir einen Lumpen an, kannst dich in jeder Drecklache wälzen . . .«, die Alte wäscht es wieder, Curdchen brüllt, er spürts, wenn ich bös bin, wenn wir daheim streiten, wenn er mich schlägt, brüllt.
»Weil die Leute nicht genug haben können . . .«
»Blödsinn, die schleppt ihre Kinder nicht aus Spaß . . .«
»Das fehlt noch, das Konzert, wenn man aus der Bude kommt, einem die Ohren vollbrüllen!«
»Sei still, Curdchen. Ist ja gut, Mammi ist lieb, sei still, der Onkel schimpft«, Brigitt schluchzt, es stößt sie von innen, stößt in den Hals rauf. »Sei ruhig, Brigitt!«
»Ich hole gleich den Wauwau, wenn du nicht ruhig sein willst, warte nur!«
Endlich da. Ein Schwung Leute steigt aus, bin gespannt, ob er zuhause, feueranmachen, wenigstens das, und schiebe die Dorfstraße rauf, die Leute grüßen verlegen, ich weiß nicht, was los ist, schauen mich an, als hätten sie mich noch niemals gesehen und schauen rasch weg. Was jetzt wieder, die Landpolizei vor dem Haus, guter Gott, was.
Einer steigt aus dem Wagen. Irgendwas angestellt, warum kommen sie zu mir, ist er nicht selbst alt genug.
»Sind Sie Frau Bischoff?«
»Ja.« Nun ist auch der zweite heran. »Was wollen Sie?«
Die beiden sehen sich an, keiner will reden, dann einer zum andern: »Soll erst mal die Kinder ins Haus bringen.«
»Was hat er angestellt?«
»Bringen Sie erst mal die Kinder ins Haus.«
Und sie warten draußen. Ich lege Curd ins Bettchen und sage zu Brigitt: »Bleib schön, bleib in der Küche, laß den Mantel an« wenigstens Feuer hätte er anmachen . . . und gehe raus, der eine hüstelt verlegen.
»Es ist . . . Ihr Mann ist verunglückt.«
»Und? Wo? Liegt er — im Krankenhaus?«
Der andere redet hastig weiter.
Sie fanden ihn vor drei Stunden in einer Baugrube, das Gesicht nach

unten. — Wir gehen zum Friedhof, das Leichenhaus unter Pappeln. Sein Gesicht war so schwammig wie im Leben. Ich bin an die Bahre und habe ihn ausgesäckelt. In den Taschen hatte er eine Schachtel Streichhölzer, dem Geräusch nach noch vier oder fünf Stück, als ich die Schachtel aufmachte, waren es abgebrannte, eine Zigarettenschachtel, den Hausschlüssel, Taschentuch, den Geldbeutel. Ich zählte Dreimarkzwanzig, in den hinteren Fächern war nichts. Er hatte mir Dreimarkzwanzig übriggelassen. Sogar für die Kinder, die zur Beerdigung singen, zu wenig, ich möchte schon, daß gesungen wird. Die Polizisten sind blaß, und vielleicht ist es grauenhaft, es ist mein Geld, ich kann damit machen was ich will, das Geld, an dem er starb. Sie grüßen und verschwinden. Ich hätte sie nicht gebraucht, sie haben mir nur einen Schreck eingejagt. Letztes Mal sagten sie, er hätte Autoreifen zerschnitten, sowas hätte er nie getan.

Da fällt mir ein, daß ich noch Feuer anmachen muß, etwas zu essen richten, einen Brei für Curd, was koche ich nun, ach was, für Brigitt auch einen Brei.

# *Das eigene Haus*

Sie zog ihre Karte aus dem Steckkasten und stempelte.
Es war Mittwoch, war August, war der dritte Arbeitstag nach den Betriebsferien, und alle, die wie sie zur Spätschicht anrückten, trugen eine Spur, einen Hauch Urlaub mit herein, Meer oder Gebirge oder nur den Staub fremder Landstraßen. »Ferien dienen der Erholung«, stand auf dem Anschlag zu lesen, der wochenalt, ein klein wenig vergilbt, noch am schwarzen Brett hing. Paula, braunhäutig, darin unterschied sie sich nicht von den anderen, torkelte erschöpft in den Umkleideraum. Schloß den grauen Spind auf, hing ihren Sommermantel über den Bügel, wechselte die Schuhe, band ihre bunte Schürze um, hastig wie immer und wie immer bevor das Klingelzeichen den Schichtwechsel signalisierte.
Sie ging raus in den Saal.
»Na endlich«, knurrte die Kollegin erbittert, während sie den Platz räumte, Paula setzte sich auf den Hocker, murmelte etwas vom Omnibus, der wieder mal Verspätung hatte, was nicht stimmte, er kam nur manchmal, wenn die Ampeln es gut meinten, drei Minuten früher an.
Es läutete, Paula schaute hoffnungslos auf den Rollwagen, Blech, ein Stapel neben dem anderen aufgetürmt, nun setzten sich die Maschinen, soweit sie überhaupt stillgestanden hatten, knirschend, schwerfällig in Bewegung, sie legte einen Stapel Blech vor sich auf den blanken Tisch, legte das erste Stück in die Matrize, unter den Stempel, drückte den Hebel herab, ließ ihn zurückschnellen, drehte das Blech, drückte den Hebel, legte ein Stück unter, Hebel runter, hoch, drehte, Hebel . . . acht Stunden, zwei Pausen dazwischen, wer den Bogen raushatte, konnte zusätzlich zwei-, dreimal eine Pause schinden; spielte für Paula keine Rolle, sie arbeitete im Zeitlohn, Akkord schaffte sie nicht, hatte es einmal versucht und bald aufgegeben, sprang nichts dabei raus.
An der Maschine rechts neben ihr kauerte, ohne aufzusehen, die Spanierin, stanzte verbissen, wütend, von allen Hunden gehetzt, in zwei Jahren würde sie genug beisammen haben um zurückzukehren, für immer nach Spanien zurück, vorausgesetzt, ihre Rechnung ging auf,

links von Paula Frau Bittrich, gelassen, fast phlegmatisch bediente sie ihre Maschine, wie Paula im Zeitlohn, lächelte ihr zu, brüllte durch den Lärm:
»Wie weit ist euer Haus?«
Paula brüllte zurück. »Die dritte Decke!«
»Könnt ihr bald Richtfest feiern!«
»Jaaa!«
Sie unterhielten sich kaum, draußen auf dem Klo, ja, in den Waschräumen, im Aufenthaltsraum, hier nicht, hier duldeten die Maschinen keine menschliche Stimme, die Maschinen zerschnitten und verstümmelten ihre Sätze, zu den Geräuschen im Ohr stieß nur ein anderes Geräusch, das Kaliber der Maschinen war stärker als Stimmbänder oder Trommelfell, die Maschinen in allem der stärkere Teil, dröhnten in den Ohren, vervielfältigt, verdichtet, schlagend, kreischend, knirschend, stampfend, fauchend, Stanzen und Fräsmaschinen, auf Betonsockeln montiert, grün verkleidet, unter den Stempeln, unter den Zähnen der Fräser krächzte das Metall.
Paula machte das nun zwei Jahre, einmal Frühschicht, einmal Spätschicht für das Haus, ihr Haus, für den Lebensabend, wie man sagt, wenn du bereitstehst auf Abruf, den Lebensabend im eigenen Haus. Hausfrau bis vor zwei Jahren und nichts weiter, es wäre ihr nie, zu keiner Zeit eingefallen, in eine Bude zu gehen, schaute bißchen auf die Mädchen, Weiber, herunter, Fabrikschicksen, fühlte sich dem Beamtenstand zugehörig. Nicht, als ob sie's leicht gehabt hätte, diente fremden Leuten bevor sie den Postschaffner Alwin Schmidt heiratete und hatte es auch da nicht leicht, nicht auf Rosen, zog mit dem Gehalt eines Postschaffners und später Oberpostschaffners drei Kinder groß, ihr Ältester starb mit sechzehn an einem Flakgeschütz, ihre Tochter verheiratete sich, zog in eine entfernte Stadt, ihr Kleiner heiratete ebenfalls und setzte, bisher, zwei Kinder in die Welt, gingen bereits zur Schule. Bewohnen die gleiche Wohnung, die sie und ihr Mann seit beinah dreißig Jahren bewohnen, ein Altbau mit notdürftig geflickten Rissen, in den Wänden raschelt es zuweilen, vielleicht Mäuse, die zwischen bröckelnden Steinen Haschmich spielen und Fledermäuse, im Holz der Wurm, in den Möbeln der Wurm.
Sie war alt geworden in der alten Wohnung und vor ihren Augen ver-

schwamm die Nähe, trug eine Brille, war grau und war plump geworden in den Jahrzehnten, unförmig, neigte schon immer zur Fülle, schon als junges Mädchen, als es unmöglich schien, daß auch sie einmal grau und alt und schwerfällig sein würde, auf dicken Beinen einherwatscheln wie eine fette Ente, schon damals üppig aber gerade das zog den Postschaffner an, einen hageren, blassen Pedanten, der zeitlebens aussah, als bekäme er statt einer Mahlzeit Spinnweben vorgesetzt. Sie waren zusammen jung und wurden zusammen alt in selbstverständlicher Treue und all diese Jahre hindurch träumte der Pedant in den rieselnden, knackenden Wänden seiner Mietswohnung unablässig den Traum vom eigenen Haus auf eigenem Land mit eigenem Garten, sah sich abends in der Laube, erntete Johannisbeeren, Salatköpfe, Rettiche, Rosen. Bevor er Vertrag mit einer Bausparkasse schloß und bevor er einen Quadratmeter Boden erworben hatte, kaufte er, Vorschuß auf die Seligkeit, seinen Gartenzwerg. Ein drolliger Bursche, vierzig Zentimeter hoch, pfeiferauchend, schmunzelnd auf seinen Spaten gestützt. Er stand auf der Vitrine, wurde täglich abgestaubt und wartete auf seine Stunde.

Halb acht, ihre kritische Stunde, die Stunde zwischen halb acht und halb neun. Sie nahm einen Schluck aus der Thermosflasche, es half nichts, schwarzer Tee, Kaffee, Vitaminbonbons, nichts konnte sie aufmöbeln, seit fünf Uhr früh auf den Beinen — an den Schläfen, schlaftrunkener Stirn, zwischen den Augen wühlte ein Bohrer im entzündeten Hirn, ihr Wille verlor jede Gewalt über die Gliedmaßen.

Arme, Hände und Augen, außer Kontrolle geraten, bewegten sich, langsamer werdend, noch mechanisch fort . . . sie unterschied kein Geräusch von einem anderen, der Lärm um sie egalisiert, schlug dumpf an ihr Ohr wie Paddel in einem behäbigen Strom. Ein leichtes Nicken, ihr Kopf hing vornüber, sie hockte bewegungslos an der Maschine, betäubt vom Gewicht vorangegangener Stunden, fuhr hoch, ruckartig und gequält, sie schielte heimlich zu Frau Bittrich hinüber, ob sie was gemerkt hatte, drückte den Hebel nieder. Auf meine alten Tage. Konnte schreien und niemand hörte, ungehört, unerhört, verfluchtes Haus, Schulden, Schulden, fütterte die Maschine mit Blech, der stählerne Stempel sauste nieder, kauerte an der Maschine, mit ihr

die ganze Gemeinde an den Maschinen wie Sünder an den Stufen mystischer Altäre.
Das schwache Fleisch, taubes Korn, von Mahlsteinen zerquetscht, Gott, was haben wir dir getan?
Ein Haus mit einem Garten, einen Platz für Zwerge.
Der Platz war ausgemessen, der Plan entsprach ihren Wünschen, genehmigt, Geld floß, zirkulierte, Bausparkasse, Kredite, Angebote, empfehlen uns, hochachtungsvollst, Material rollte, fällige Rechnungen. Die Grube ausgehoben, die Fundamente angelegt, es wuchs, ihr Haus wuchs, die erste Decke, es wuchs, die zweite Decke, sie half mit, Schichtarbeit war dem Vorhaben günstig, der Oberpostschaffner nahm Urlaub, ersparte einen Hilfsarbeiter oder zwei, nach Geschäftsschluß erschienen Sohn und Schwiegertochter. Ladungen Steine, Ladungen Sand, Kies, Zement, Kästen Bier, das Haus wuchs, die dritte Decke, heute Mittwoch, in praller Sonne, der Oberpostschaffner bediente die Mischmaschine, mit nacktem Oberkörper, braungebrannt wie die Bauarbeiter, durstig wie sie, die Maschine spuckte Beton, Paula hievte Karren um Karren hinauf.
Neben der Spanierin stand Rita, schrie und gestikulierte erregt, rot vor Wut, Rita, die ihr Phlegma nur ablegte, wenn ein Mann in ihre Nähe kam, oh, jede hatte ihre Fehler, aber sie waren alle verträglich, nur manchmal brach es los, bei irgendeiner, unter einem dunklen Zwang wie Mordlust bei Amokläufern.
»Akkord in die Höhe treiben . . . könnte dir passen, du blödes Stück!«
»Sie begreift es doch nicht, Rita!«
»Kann sie mit mir nicht machen . . . treibt uns die Norm hinauf: Die Spanierinnen arbeiten mehr wie ihr, seht euch das an . . . du sollst langsamer machen, lang — sam, he, du! Despazio, despazio!«
»Ob sie dein Spanisch versteht?«
»Schnauze! Dir kanns egal sein, du arbeitest im Zeitlohn, mir is' es nicht egal, verstanden?«
Drüben, in seinem Glaskasten vor der Stehlampe hockte der Meister, konnte von da aus den Laden überschauen. Ein älterer Mann, gottseidank, nur die Jungen sind gefährlich, die Karriere machen wollen, die Streber, der Alte trieb nicht. Er drückte oft ein Auge zu, manch-

mal beide, wenn Rita in Stimmung war, den staunenden alten Tanten einen Shake oder Letkiss oder wie diese komischen Tänze heißen, vorführte. Er telefonierte gerade, schaute kurz herüber, auf Rita oder Paula.
»Ihr Zigeuner«, keuchte Rita, »ihr hergelaufenen Zigeuner!«
Der Meister stürzte aus der Kabine, rannte jedoch nicht, wie sie erwartet hatte, zur Spanierin, die nun aufgesprungen war, noch lauter als Rita schrie — er trat an Paulas Maschine. Schaltete aus, der Lärm verebbte, auch die streitenden Stimmen, sie hörte nur noch diese eine, ruhige Stimme.
»Ihr Sohn hat angerufen. Gehn Sie nachhause.«
»Was ist passiert?«
»Ihr Mann. Irgendwas — also, gehn Sie schon!«
Sie griff mit fahrigen Fingern zur Thermosflasche, ging in den Ankleideraum, plötzlich erwacht, Frau Bittrich, die anderen schauten ihr nach, fragend, bestürzt . . . irgendwas.
Sie verließ die Fabrik und fröstelte unter dem dünnen Mantel — irgendwas — und hastete nachhause, kein weiter Weg, zehn Minuten, wenn sie sich beeilte.
Er lag auf dem Sofa in der Küche, Schweiß auf der Stirn, seltsam verkrümmt, und seine braune Hautfarbe schien brüchig, vergilbt wie Pergament.
»Los, Postrat, los«, er krümmte sich keuchend auf dem Sofa, stammelte unzusammenhängende Worte, die dritte Decke, Richtfest . . . und schaufelte Sand, goß Wasser nach, schaufelte Kies, warf den Hebel herum, die Schleuder drehte sich, Wasser, Sand, Kies, schlaf nicht, Postrat . . .
Die Kinder tobten um ihn, ihre schönsten Schulferien, kurz nachdem Paula wegfahren mußte, die Schwiegertochter stand nun an ihrer Stelle, bediente den Aufzug, begann er zu stöhnen, sie sah ihn schwanken, kalten Schweiß auf der Stirn. Die Decke, er biß die Zähne zusammen, von oben brüllten die Maurer nach Beton und sein Bauch eine offene Wunde, wild von Eiter und Fäulnis, als wüte eine Axt in seinen Eingeweiden, was ist, Vater, nichts, und sackte an der Mischmaschine zusammen und wälzte sich auf dem heißen Sandhaufen, holt einen Arzt, holt einen . . . Hier auf dem Dorf? Hier

gibts keinen Arzt, in einer Stunde sind wir fertig, du mußt warten und er nickte, rappelte sich auf, sie erschrak vor seinem verzerrten Gesicht, Karl, fahr' den Vater nachhause, nein, macht weiter, es wird schon besser, nachdem Karl schon mal Urlaub genommen hatte mußte er jeden Tag, jede Stunde ausnützen und überhaupt: Man kann bei so einer Arbeit nicht einfach aufhören . . . Zement, Sand, Kies, Wasser, die letzte Mischung, nein, es war nicht besser geworden, er sah elend aus, es gab nichts zu überlegen. Sie zerrten ihn zum Wagen, sie nannten das Gefährt Wagen in mildem Größenwahn, verstauten ihn auf dem Sitz und in seinem heutigen Zustand, ein zusammengekrümmter Wurm, bereitete das noch die wenigsten Schwierigkeiten und nachdem die Maurer anschoben, sich dahinterklemmten, tuckerte das Motorchen, der Wagen sprang über alle Schlaglöcher hinweg und jedesmal gab der Kranke auf dem Rücksitz einen heulenden Laut von sich. Als ginge es über holpriges Pflaster in die Ewigkeit, ewige Sekunden Aufenthalt vor Verkehrsampeln im chaotisch verfilzten Berufsverkehr, fahr zum Krankenhaus, Karl.
Dort bedauerten sie — ohne Einweisung des behandelnden Arztes unmöglich, ja, wenn ein Unfall vorliegen würde, das ist heute so eine Sache, heute ist Mittwoch, na, sehn Sie zu, vielleicht haben Sie Glück . . . So betteten sie ihn daheim aufs Kanapee, Karl telefonierte, Mittwoch Ruhetag, niemand meldete sich, der Arzt plätscherte im Schwimmbad, räkelte sich im Liegestuhl, draußen auf dem Land. Es muß doch, sagte die Schwiegertochter, sowas wie ein ärztlicher Notdienst existieren, er existierte tatsächlich, der Milchhändler im Parterre ließ Karl an die Strippe und Karl atmete auf, jemand notierte sich die Adresse, der Herr Doktor würde kommen, ja, er ist momentan unterwegs . . .
Niemand kam. Sie warteten, der Kranke lag apathisch, wimmerte kaum hörbar, Karl mußte nochmal telefonieren, mußte es dringlich machen, obwohl ers doch dringlich gemacht und nicht nur von Leibschmerzen, sondern von schrecklichen Leibschmerzen geredet hatte — Paula schob alle Schuld auf das verdammte Bier —.
»Den ganzen Tag Bier in sich reingeschüttet . . .«
Er antwortete nicht.
Es ging auf Mitternacht, nun würde der Arzt wohl nicht mehr kom-

men, auch wollten sie den Milchmann jetzt nicht nochmal belästigen, so transportierten sie ihn hinüber ins Schlafzimmer, legten ihn ordentlich zu Bett, Sohn und Schwiegertochter gingen schlafen, müde von der Hitze, von der Arbeit auf dem Bau, nur Paula wartete, ob nicht unten ein Wagen vorfuhr, stand am Fenster, starrte hinab auf die menschenleere Straße . . . sieht nicht aus, als ob er noch käme . . . und jedes vereinzelte Auto erweckte Hoffnung und jede Hoffnung währte Sekunden. Er lag ruhig. Vielleicht war es nicht so schlimm und Männer sind wehleidig, ich sage immer, wenn sie die Kinder bringen müßten . . . dann fiel ihr das graue, verfallene Gesicht ein, laß die Nacht herumgehen, lieber Gott, hilf uns . . . betete und beschwor den Retter von seinem unwirklichen Ort an den Ort ihrer Wirklichkeit.

Gegen Morgen erwachte sie, angekleidet auf ihrem Bett.

»Hol den Arzt«, hauchte er, »um Himmelswillen den Arzt!«

Lebte noch, lebte weiter, zäh wie eine Katze, Karl ging runter, telefonieren, jagte den Arzt aus dem Bett, eine weitere Stunde zu den vergangenen Stunden bis der weiße Wagen unten hielt, Sanitäter die Treppe herauftappten — und nun ging es rasch, nun zählten Minuten, rasten sie mit Blaulicht Richtung Krankenhaus, Paula saß neben der Bahre, hielt seine Hand, wandte keinen Blick von seinem frostigen Gesicht.

Und sie dachte, während er drinnen im Operationssaal unterm Messer lag, niemand sie beachtete, in dieser dezenten Stille wie unter einem Glassturz, während sie, weißbemäntelt hinter weißen Türen seinen Bauch aufschlitzten, dachte den Anfang durch, an süße Heimlichkeiten, gelenkte Zufälle, harte Parkbänke, Kinobänke, dunkle Toreinfahrten und sie war damals noch jung und hatte Angst, jemand könnte sie erwischen, zuhause erzählen, du bist einfach zu jung dafür, sagte Mutter, sie hielt auf guten Ruf, sparte nicht mit Vorwürfen und sie sehnte die Zeit herbei, da sie von elterlichen Vorwürfen, Vorschriften, angedrohten Ohrfeigen verschont sein würde, damals schien ihr, die Zeit lasse zu lang auf sich warten und als ihre Ungeduld sich endlich als Irrtum herausgestellt hatte, sie tun und lassen konnte was ihr beliebte, bedeutete das nicht nur das Ende der Jugend.

Auch das gehörte dazu: In einem langen, sterilen Korridor sitzen und machtlos warten, ein zerknülltes, nicht mehr blütenweißes, klatschnasses Taschentuch in heißen Händen, in schrecklichem, ungewissem Warten schleppte sich die Zeit mühsam vorbei: Bis endlich die Flügeltür aufgestoßen wurde, ein Wagen auf Gummirädern von zwei Pflegern vorübergerollt wurde, unter dem weißen Laken etwas Unbewegliches, Starres.

»Alwin«, schrie sie aufspringend, »Alwin!« Sah noch seine weißen Füße unterm Laken vorstehen, erhielt keine Antwort, von wem auch, der Wagen rollte lautlos den Korridor hinab, in den Lift. Wartete weiter, doch sollte es diesmal nicht lange dauern, der Arzt erklärte müde, geduldig, mit undurchdringlichem Gesicht, es wäre alles geschehen was getan werden konnte.

»Kommt er durch?«

Es gab nur eine Antwort und weshalb sollte der Arzt sie bei sich behalten, da er nicht Ja sagen konnte und nicht Nein sagen wollte: »Das steht in Gottes Hand!«

Sie reichte ihm ein Stück Papier, die Nummer des Milchmanns und sagte dazu »Falls was mit ihm sein sollte« und konnte nachhause, hatte keinen Sinn, hier zu warten.

Diesmal erschien sie pünktlich zur Spätschicht, löste die Kollegin fünf Minuten vor Schichtbeginn ab, Hitze brütete auf der flachen Halle, saß schweigend, schweißgebadet, arbeitete, wartete auf die Nacht, auf den Morgen, auf Gewißheit.

»Was war los gestern abend«, brüllte ihr Frau Bittrich ins Ohr, Paula versuchte zu erklären was los war und heulte wieder, Frau Bittrich ging und brüllte den andern, die es ebenfalls wissen wollten, Paulas verworrene, hervorgeschluchzte Erklärung ins Ohr.

Einmal telefonierte sie und erhielt Auskunft vom Pfleger, Zustand unverändert und wollte genauer wissen, was dies zu bedeuten hätte, die Stimme im Hörer klang unverändert sachlich, nicht angetan, eine Hoffnung zu wecken: Mehr kann ich nicht sagen . . . doch jede Stunde, die Bahn des großen Zeigers rund um das Zifferblatt, in der nichts geschah als das Drücken des Hebels, ihre gewohnten Handgriffe, Stück Blech in die Matrize passen, jede verflossene Stunde spielte ihr einen Fetzen Hoffnung zu — und sie bemerkte den Meister

erst, als er sich niederbeugte, durch den Lärm der Maschinen brüllte, ihr Sohn warte draußen am Tor. Ein Augenblick entlarvte die Lüge der Uhr, Augenblick der Wahrheit, ein schmerzhafter Stich, nichts weiter — lange genug und schmerzlich genug, um den Funken Hoffnung neu anzufachen, der bei aller Winzigkeit imstande war, das riesige, ungeheuerliche Karussell der hundert Ängste, tausend Hoffnungen aufs neue in Bewegung zu bringen.
Der Wagen wartete, tuckerte im Leerlauf, sie stieg ein, zu besprechen gab es nur wenig. Sie kamen rasch voran, an dem Berufsverkehr gemessen, waren die Straßen leer, der Tacho stand bei siebzig, mehr gab der Wagen einfach nicht her, die Karosserie klapperte, rüttelte auf kleinen, eiernden Rädern und mit jeder Kurve riskierte der Fahrer Vehikel, Kopf und Kragen.
Sie stiegen aus. Paula, Sohn und Schwiegertochter.
Unbeleuchtete Fensterfronten gaben dem Krankenhauskomplex etwas maskenhaft Starres, nur über dem Eingang brannte Licht, einladend wie die Laterne einer zwielichtigen Spelunke, während Sonnen, Sonnen, Sonnen am Sommernachtshimmel aus wortloser Tiefe herüberflimmern.
Sie passierten die Pforte, den Lichthof von einem tropischen Gewächshaus, von schweren, süßen, betäubenden Düften geschwängert: Noch wußte sie nichts und wußte plötzlich, daß es zu spät war.
Sie stieg die Treppe hinauf und wußte mit untrüglicher Sicherheit, er würde dieses Haus, um das er gestorben war, nicht sehen, und es gehörte schon jetzt, außer den Kreditinstituten, seinem Sohn, danach den Enkeln. Und sie, Paula, eine alte Frau, würde noch zehn Jahre, wenn sie nicht vorher starb, in einer Fabrik, an einer Maschine sitzen um die Schulden abzutragen, einfach weil sie die Kinder nicht hängen lassen durfte und weil er es angefangen hatte und weil er es wahrscheinlich so haben wollte — und falls er noch einen Gedanken gedacht und falls es einen Zeugen seiner letzten Worte gab, kannte sie auch diese schon vorher: Was wird nun aus meinem Zwerg.

# *Nachhause*

Die ganze Woche hatten sie im Büro davon geredet. Immer kam irgendetwas dazwischen, einmal Überstunden, einmal hatten die Mädchen keine Zeit, heute maulte Thomas.

»Ich habe überhaupt keine Lust. Ich weiß nicht warum. Ich weiß nicht, was ich da soll.«

»Was du sollst Mensch. Gerda ist auch dort, bringt ein paar Freundinnen mit.«

»Also du kannst jetzt keinen Rückzieher machen«, sie redeten zu dritt auf ihn ein und passierten die Pförtnerloge, ein paar Minuten nach halb fünf, Thomas lief zwischen den Freunden und anderen Kollegen vom Büro und Arbeitern zum Parkplatz, schloß die Wagentür auf.

»Du fährst hinter mir«, bestimmte Rolf, »aber hau nicht ab, Freddy, du steigst bei ihm ein, sonst haut er noch ab«.

Keine Angst, ich werde nicht, und redete sich selber zu, schließlich hatte er sich die ganze Woche auf den Abend gefreut, sei kein Spielverderber und reiß dich zusammen, du bist schließlich kein alter Mann oder, und steckte den Zündschlüssel rein, Freddy setzte sich neben ihn, der Motor sprang an, trat ein paarmal das Gaspedal durch, die Karosserie bebte unter dem harten, wilden Aufheulen des leerlaufenden Motors, legte den Gang ein, folgte den Freunden.

Der Himmel war bedeckt, er fuhr die Straße hinunter, aus glitzerndem Asphalt stiegen die verrußten Fassaden der Mietshäuser flach wie Attrappen, im Rückspiegel die flammende Leuchtschrift VERSANDHAUS WINDROSE und Freddy quasselte, daß es bald regnen würde, egal, im Bierzelt sitzt man trocken, alles mies, die Firma, die miesen Visagen der Kollegen, die Briefe, die er den ganzen Tag auf Band sprach Sehr geehrter Herr oder Sehr geehrte Frau xyz, irgendeine miese alte Schachtel, wir bestätigen dankend den Eingang Ihres Schreibens vom, was ist bloß mit mir los, eine Nachprüfung des von Ihnen beanstandeten Artikels ergab, daß, naja, ein Versehen unsrerseits, kein Verschulden unsrerseits, wie mir das zum Hals heraushängt, auch weiterhin das Bestreben unseres Hauses, ach rutscht mir doch den Buckel runter, Hochachtungsvoll, rot. Er hielt vor der Am-

pel, vom Rummelplatz Drehorgelmelodien, schon zu spät, hätte mich rechts einordnen müssen Richtung Heimat. Könnte noch rechts ausscheren, aber. Das Frühlingsfest war in vollem Gang. Roter Mohn . . . rot wie. Grün. Er trat aufs Gaspedal, geradeaus. Menge Menschen und Autos.
Gerda wartete mit einer Freundin am Eingang. Sie schlenderten unter Girlanden bunter Glühbirnen durch die Gassen der Buden mit buntgestreiften, grauen, braunen Markisen, Schießbuden, Wurfbuden, Würstchenbuden. Attraktionen, Karussells, Geisterbahn, Sputniks. Der verlockende Duft gebratener Heringe, die Schlager von vorgestern, Ol' man river, während sie das Raumschiff erkletterten das gemächlich auf Touren kam, in wahnsinnigem Tempo zu rotieren begann, kopfüber, kopfunter, die Budenstadt überschlug sich, hing steil über ihren Köpfen, stürzte nieder und fing sich über kreischenden Mädchen, zerfetzte Lichter und Farben und Schreie und Melodien flatterten über, unter ihm vorbei und beruhigten sich allmählich, höllischer Spaß nur viel zu kurz, benommen taumelten sie zum Riesenrad, schaukelnde, sanft schaukelnde Gondel über der Stadt, sank, deine Heimat ist das Meer, das Rad drehte sich, schneller, schneller, das Mädchen warf sich kreischend, nun plärr doch nicht so, an seinen Hals, ist es nicht himmlisch, tief unten schwankte die Erde, die Stadt, regenverhangen, ein Geschrei haben die Weiber, noch eine Runde, ja? Carry me back to the lone Prairie . . . stiegen auf in der schaukelnden Gondel, tief unter ihnen Buden, Karussells, bunte Glühbirnen, die Stadt, Versandhaus Windrose, in dem wimmelnden Menschenhaufen wurden Regenschirme aufgespannt, eine kräftige Bö schüttelte die Gondel, kalte Regenschauer fegten über den Platz.
»Los, ins Bierzelt« schrie Rolf und fürchtete, sie könnten bei dem allgemeinen Gerenne zum Zelt keinen Platz mehr bekommen.
Carry me back . . . die Menge staute sich vor dem Eingang, drinnen legte die Blechmusik los, dicke Luft und Rauch und Lärm, triefende Regenschirme, der muffige Geruch feuchter Kleider, der herrliche Rausch aufsteigender, stürzender Gondeln verflog, Rolf zwängte sich zwischen Tischen, Stühlen, keifenden Leuten,
»mal sehn, ob wir vorne beim Podium noch einen Platz kriegen« und

plötzlich waren sie weg, Thomas inmitten einer schiebenden, drängelnden Menschentraube. Soll ich mir die halbe Nacht in diesem Lärm und Mief um die Ohren schlagen, er drehte sich um, gelangte, mit beiden Ellbogen gegen den Strom rudernd, hinaus und spürte kalten Wind im Gesicht, Nieselregen, egal, rooter Mohn . . . den die Liebste mir gab . . . steckte beide Hände in die Taschen, wie er strebten die meisten, soweit sie nicht ins Bierzelt flüchteten, enttäuscht unter aufgespannten Regenschirmen dem Ausgang zu.
Die Gassen jäh verödet, nur die Musik dudelte weiter, Carry me back to the lone Prairie . . .
Er fuhr los in graue Dämmerung und Regen, wieder auf der Hauptstraße, ordnete sich vor der Kreuzung links ein, der Scheibenwischer schnurrte, inzwischen werden sie gemerkt haben, daß ich verschwunden bin, diese trübe Tasse, nun hat er sich heimlich verdrückt, wenn schon, summte die Drehorgelmelodie vor sich hin Carry me back to the lone Prairie, geht mir nicht aus dem Kopf, in weiche Polster geschmiegt, wohlige Wärme an den Füßen und müde. Im Seitenfenster spiegelten sich Neonlampen und Scheinwerferkegel der Autos als kämen sie auf einer schiefen Ebene geradewegs vom grauen Himmel herab und rote Katzenaugen glitten auf derselben schiefen Ebene über die fliehende Stadt, eine unsichtbare Straße herdenweise empor ins Grenzenlose und wie große, blendende Kugelblitze stürzten beleuchtete Fenster herab, die Stadt schwebte körperlos vorbei, zurück, in fliehende Glasaugen aufgelöst und er, Phantom unter Phantomen, balancierte über dem Abgrund menschlicher Perfektion und Unzulänglichkeit seinem Zuhause entgegen, der verdienten Ruhe nach einer langen Arbeitswoche.
Der Scheibenwischer schnurrte, es goß in Strömen, du meinst, ein U-Boot geht auf Tauchstation, ringsum Atlantik, das Meer fegt seine Sturzseen übers Verdeck, saß trocken und warm in einem lackierten, verchromten Blechkasten geborgen, einem folgsamen Tier, dem leisesten Druck der Füße, der Hände gehorchend, rooter Mohn, auf dem glänzenden, asphaltierten Fließband inmitten einer abenteuerlichen Karawane stadtaus . . . warum welkst du denn schon . . .
Hinter wehenden Schleiern, Tüll und Regen, taucht rechts ein Gerippe, der Güterbahnhof auf, mit Signalmasten, Drähten, Lampen ver-

schnürt, eingewickelt, auf der anderen Seite der Schuttberg, das Grabmal der alten Stadt, eine dunkle, zerklüftete Silhouette und weiter, die abgezirkelten Konturen der Hochhäuser, Parade erleuchteter Fenster, zehn, zwanzig Stockwerke übereinander gestaffelt.
Er bog nach rechts ab, indes die nachfolgenden Wagen vorbeischossen, der großen Ausfallstraße nach, zur Autobahn, zu irgendeinem Strang im Netz der Fernstraßen, während er sich auf dem kurzen Verbindungsstück bewegte, nur hundert Meter zur ersten Abzweigung, endgültig auf die stillere Landstraße, in die Wälder.
Trat aufs Gaspedal, fortgetragen von der behaglich, monoton brummenden Maschine ins Zwielicht aus Regengüssen und schüchterner Dunkelheit, was der Tag übrigließ oder sein hinkender Schatten.
Stück Straße nur, nichts weiter. Gleichförmig platzende Tropfen zum Sturz übers gläserne Feld angetreten, indes die Scheibenwischer gewissenhaft nebeneinander zwei Halbkreise freihielten, seinen Blick eben durchließen um sich den Weg zu bahnen, Weg oder Karussell Carry me back, darin sich Dämmerung, Regen, Asphalt und Biluxlampen drehten, kurzes Stück nur, hundert Meter, Strecke von einer halben Minute, ach was, keine zwanzig Sekunden, weiß Gott keine Zeit, keine Strecke: dennoch nicht auszumessen in Jahren und Kilometern.
In dieser Minute, auf hundert Metern stellt ein Unbekannter oder Bekannter, der Zufall oder ein Ding, etwas Ungreifbares, Ungeheuerliches, Zufall oder Schicksal oder was immer, die tödliche Weiche grausam und genau auf Zentimeter und Sekunde.
Ohne Übergang, ohne Warnung. In gelbe Polster geschmiegt, monotonen Rhythmus im Ohr: sah plötzlich den riesigen, schwarzen Vogel über den Kühler fliegen, schwarzen Vogel mit Motorradbrille, verzerrten Lippen, Strich, der im Flug zum Loch, zum Schrei wurde, qualvoll zu spät, wie er, sein Fuß zu spät kam — drückte blindlings auf beide Pedale, Kupplung und Bremse.
Blind, als die verhüllte Masse im Flug an die Scheibe klatschte, kopfüber, zugleich das andere Monstrum steil in die Luft sprang und weg aus dem Halbkreis, etwas platt an der Scheibe zu Brei verwandelte, das der Länge nach überm Kühler ausgestreckt, bewegungslos liegenblieb, das andere, ohne zu erkennen, was es war, ein fallendes Etwas,

plumpste auf den Asphalt, die vermummte Gestalt rutschte seitlich ab auf die Straße.
Der Wagen stand. Ein Klumpen klebte an der Windschutzscheibe wie Gedärme, ekelhaftes Gewürm. Bläulich, hellrot, wässrig rann das Blut ab. So wenig wirklich wie Leviathan einen Drachen erwürgt im Meer, das Gelächter des Mörders übers blutige Meer, es ist nicht wahr, es ist nicht geschehn, großer Gott, es war schön bis zu diesem Augenblick, ein schöner Traum, ein Märchen, ich hätte glücklich sein können, warum nicht, ich wußte nicht, bis vor einer Minute, ich weiß jetzt: eine Minute, stell die Uhr eine Minute zurück, damit es ungeschehn, die Minute vorher, großer Gott, nein, zurück, es ist ungeschehn.
Er stieg aus.
Keiner sieht. Keiner hört. Niemand hier, nur er und ein Toter. Haufen Unrat auf der Straße. Der tote Mopedfahrer, der ihn zerfleischen würde, nicht er. Ich ihn. Kein Mensch zu sehn, die Straße ausgestorben. Der Kopf unförmig platt, gesichtslos. Blutiges Mus, eine Lache im Schmutz, Blut und Regen. Entfernt, auf der Hauptstraße die anderen, glotzäugig, die Glücklichen, die keine Mörder sind.
Aus. Aus, vorbei, vorbei. Laß ihn liegen, hau ab, weiter bevor, bevor einer kommt, bevor sie dich finden, Regen verwischt alle Spuren.
Ich weiß nichts. Nicht wie. Der Motor läuft noch. Als ob er wartet, sagt steig ein, los. Kupplung, erster Gang, zweiter, schneller, verschwinde. Den linken Winker, links ab, nur weg von der Straße, in den Wald, in unbewohnte Finsternis wo mich keiner sieht, nicht einmal ich selbst. Es war gut. Alles war gut bis jetzt. Mopedfahrer. Kommt nicht heim. Keine warme Stube, Regen regnet ins Blut, Unfallflucht. Werden alle erwischt, fast alle, nicht alle, manche nicht. Bin ich manche. Ich möchte tot sein. Wer kann mich verantworten, das Schwein. Carry me back to the lone Prairie, oh verdammt.
Der Scheibenwischer funktioniert noch. Am Scheibenwischer hängt was. Etwas wandert im Halbkreis zwischen Gummi und Glas. Zähne. Nein. Der Tote, der Mopedfahrer, der draußen liegt auf der Straße, bleckt sein Gebiß, schabt einen Fetzen Hirn in die Ecke, will rein.
Er schaltete den Scheibenwischer ab.
Jetzt bissen sie sich fest am Glas, nichts mehr zu sehn, zog den Elfen-

beinknopf, der Scheibenwischer arbeitete wieder. Ein Waldweg. Privatweg der Staatsforstverwaltung, privat oder nicht, gesperrt für Kraftfahrzeuge aller Art, er mußte die Zähne losmachen. Schaltete das Licht aus, Nacht, Gutenacht, Polizei wird kommen, messen, schreiben, das Schwein ist verschwunden, weit weg, zu Bäumen und Wurzeln verschlagen. Gibt keine Städte und Menschen, keinen Rummelplatz, weil Mörder unter sich bleiben, ich und ich. Zu spät. Kam auf den Kühler geflogen. Carry me back. Nerven. Keine Nerven. Vergraben.

Hob den Scheibenwischer leicht an, faßte die fremden, blutigen Zähne vorsichtig mit Fingerspitzen. Und wenn sie die Spur finden, den Abdruck derselben Reifen im aufgeweichten Boden. Zuhause im Garten vergraben, wird keiner nach dem Gebiß eines toten Mopedfahrers fahnden, wie kämen sie dazu.

Wickelte sein Taschentuch herum, versenkte es in der Hosentasche. Da reden sie soviel von der Würde des Menschen. Hat er eine? Ich weiß nicht. Von der Würde des Angeklagten, daß er einen Sitzplatz haben müßte vor Gericht, kann er später noch lange genug, sitzen. Er will gar nicht stehn oder sitzen. Er will überhaupt nichts zu tun haben damit. Kein Mörder wartet am Tatort bis die Polizei eintrifft, ich bin einer, nun sucht.

Klumpen Hirn in der Ecke. Die Bäume tropften. Regen mauschelte in den Ästen. Mit einem Büschel Riedgras fummelte er die Scheibe blank, die Chromleiste, warf das bißchen Dreck beiseite, wer sucht schon den Wald ab.

Kalt. Seine Zähne schlugen aufeinander.

Er stieß zurück auf die Straße. Aber nicht nachhause: wieder stadtein, dieselbe Straße. Nur vorbei, um zu sehn, von da auf die Hauptstraße und nachhause, es war ein Umweg, was spielte es jetzt noch für eine Rolle.

Eine Reihe Wagen parkte am Straßenrand, an der Unfallstelle gafften die zufällig Vorbeigekommenen, das interessante fremde Grauen betrachten, sie waren es nicht, ein anderer, nicht sie. Auf dem Verdeck des weißen Unfallwagens spuckte das rotierende Blaulicht kalte Strahlen in den Regen. Du hättest immer noch Zeit. Könntest hin,

sagen: ich. Ich wars, nein, und Spießrutenlaufen vor den Augen der Gaffer.
Der Tote lag zugedeckt in einer Blutlache. Seine Beine staken hervor, schwarze Schnürschuhe, das Moped lag einige Meter dahinter.
»Weiterfahren«, schrie ein Polizist, »na los!«
Von mir aus. Wie du meinst.
Den Fuß auf der Kupplung, langsam zurück, trat leicht aufs Gas. Der Polizist wendete sich ab. Er steuerte den Wagen zur Bordsteinkante, kuppelte aus und legte den Leerlauf ein, zog die Handbremse an. Der Polizist kehrte um, hob ärgerlich die Hand.
Aber Thomas stieg aus und schritt um den Wagen, lehnte sich ans Heck, der Polizist sagte kein Wort und starrte auf das kreideweiße Gesicht und sah zu, wie der Bursche umständlich ein blutbesudeltes Taschentuch zog und aufwickelte und vorsichtig etwas herausnahm, ein Gebiß.
»Ich wars. Ich.«
Seine Haare hingen schwarz und naß in die Stirn. Es regnete unentwegt.

# *Amanda*

Die Nähmaschinen schnurrten, 32 Stück im Saal, zwei Reihen, 16 in jeder, und Amanda setzte Reißverschlüsse ein. Es ging alles ruckzuck, es ging im Schlaf, in Amandas Schlaf hinein ruckte das Band, glitt irgendein graues, schwarzes, buntes Gewebe unter dem Füßchen durch, hüpfte die Nadel wie irrsinnig auf und nieder, 32 Nähmaschinen schnurrten wie tolle Hornissen, Stich an Stich, dabei dachte sie an die Rente und an ihre Enkelkinder, ein bißchen was, dachte sie, möchte ich noch von meinem Leben haben. Von ihren 58 Jahren war sie 45 nur zur Arbeit gelaufen, jetzt gings bergab mit ihr und sie wollte noch was von den Enkelkindern haben, ein bißchen Spaß noch, und wollte die Rente.

Sie beugte sich vor, alle 32 Köpfe, Frisuren, bei den jungen Dingern die Frisuren oft größer als der Kopf, beugten sich vor, Kopf zwischen den Schultern wie dösende Reiher, mit gekrümmten Rücken, von dieser Haltung hatte sich Amanda ihre Bandscheibe geholt und ihre Galle. Von der Haltung, weil ihr Bauch Falten schlug wie eine Ziehharmonika, die Galle zusammenpreßte nach Noten, bis die Galle rausmußte, das war vor drei Jahren.

Früher, als Amanda noch an der Bügelmaschine stand, hatte sie sich geschwollene Füße geholt und jetzt vom ständigen Sitzen einen Sitzhintern, vom Sitzen legte sich alles — Fett, Kohlehydrate, Eiweiß, Vitamine —, alles auf die Sitzpartie, davon wurde ihr Hintern immer breiter, ihre Figur verjüngte sich von unten nach oben, schließlich wurde vom ewigen Sitzen ihre Bandscheibe morsch, und ihre Gelenke nutzten sich ab, ihr Blut wurde dick, dickflüssig wie Sirup, und ihr Kreislauf, der lief nicht wie er sollte, schleppte sich träge dahin — trotzdem fand sie das Fließband noch besser als die Bügelmaschine, nur unterhalten konnten sie sich nicht wie früher, du siehst nur deine Arbeit, und wenn du mal den Kopf drehst, ist hinter dir Frau Bluboschowski, aber dazu hatte Amanda gar keine Zeit, alle zwei Minuten ein Reißverschluß, Reiß-ver-schluß . . . schluß . . . schluß.

Zum Frühstück setzten sie sich so, daß sie einander ins Gesicht sehen konnten, dann standen sie manchmal auf, um ein paar Schritte zu ge hen, bißchen Gymnastik, damit nicht alle Glieder brettsteif wurden, dann kam auch mal Frau Speckhuber herüber, Frau Schmitz kam und brachte Neuigkeiten unter die Leute.

Neun Uhr. Es schellte, das Band blieb stehen und alle Maschinen schlagartig, Amanda reckte, streckte sich, zog ihre Brote aus der Tasche, die Thermosflasche, ein Rascheln lief durch den Saal und erlöstes Geschnatter, Gelächter, alles gleichzeitig, von einem Augenblick zum andern waren die gelben Wände ein wenig freundlicher geworden, der Himmel vor den hohen Fenstern draußen ein wenig freundlicher: Pause.

Eine halbe Stunde. Für zehn war Amanda zur Untersuchung bestellt, sie beredeten ihre Chancen beim Arzt, Amanda biß kräftig in ihr Wurstbrot, mampfte und mahlte.

»Bei meinem Kreislauf«, sagte sie, »meinem Kreislauf und meinem Asthma müssen sie mir die Rente geben!«

»Hach!« Frau Bluboschowski winkte ab, »das hat jeder, jeder zweite oder dritte Mensch, Kreislaufstörungen, habe ich noch viel schlimmer, mich drehts mit ein'mal . . .«

»Ach Sie! Wenn ich so gut beisammen wäre wie Sie!«

»Ich? Ich? Wenn Sie meine Schmerzen in der Bandscheibe . . .«

Frau Speckhuber zog mit Frischhaltebeutel und Kaffeetasse an Frau Bluboschowskis Platz, und Frau Schmitz lehnte sich, ebenfalls kauend, an Amandas Maschine.

»Um was gehts denn, Amanda?«

»Meine Bandscheibe! Damit war ich schon bei drei Ärzten un keiner kann helfen, mich stichts hinten raus un vorne raus un die Bäder, wo ich gekriegt habe, waren alle für die Katz!«

Frau Bluboschowski wußte natürlich alles besser, hielt sich selbst für eine Expertin, kannte alle einschlägigen Fachausdrücke, wußte gegen jeden Schmerz ein Mittelchen, und wenn irgendjemand im Betrieb etwas hatte, dann hatte es Frau Bluboschowski bestimmt schon vorher und viel schlimmer gehabt.

»Wenns bei Ihnen sticht, isses was ganz anderes, die Bandscheibe nicht!«

»Aber sie strahlt, Frau Bluboschowski, hat mir neulich erst mein

Doktor gesagt, wortwörtlich wie ich sage: Ihre Bandscheibe strahlt nach vorne un hinten!«
»Abnutzungserscheinungen! Weil sie abgenutzt ist, meine Ärztin, die sagte zu mir, wir werden alle älter, in unserem Alter treten auf allen Seiten Abnutzungserscheinungen auf!«
»Hat mein Doktor auch gesagt«, entgegnete Amanda streitlustig, sie war heute in Stimmung, würde es denen geben, die Widerpart hielten.
»Es kann auch die Leber sein, zum Beispiel eine Bekannte von mir . . .«
»Ihr freßt einfach zuviel Gift«, mischte sich Frau Speckhuber ein, die sollte nur den Mund halten, die Speckhuber war 67, kriegte längst ihre Rente und arbeitete immer noch, da müßte ich blöd sein, verrückt müßte ich sein, dachte Amanda, solche Leute machen uns alles kaputt, in meinem Alter gehört eine Frau zu den Enkeln und will ihre Rente, sagten die andern auch, sagten alle. Amanda und Frau Bluboschowski fielen gemeinsam über die Speckhuber her.
»Wenns dich so rausstechen täte vorne un hinten . . .«
Erna lachte. Erna war noch viel zu jung und viel zu dumm, konnte überhaupt nicht mitreden bei solchen Geschichten wie Bandscheiben, Kreislauf, Abnutzungserscheinungen.
»Brauchst gar nicht so blöd lachen«, fauchte Amanda, »du bist mir viel zu jung un viel zu dumm, wenn du soviel mitgemacht hättest wie ich, wenn ich drandenke . . .«
Frau Bluboschowski fiel ihr kühn in die Parade. »So eine Exstirpation geht auf Leben un Tod, weiß ich von meinem Appendix . . .«
»Brech dir die Zunge nicht ab«, maulte Erna, »wegen son'n bißchen Blinddarm . . .«
»Sieht man, was du verstehst — nichts! Der Blinddarm kommt gar nicht raus, bloß der Wurmfortsatz, das ist son Schwänzchen, die Ärzte sagen Appendix, bei mir war er schon durchgebrochen, die ganze Bauchhöhle voll Eiter . . .«
»Aber wie sie meine Galle rausgemacht haben, das war eine Operation«, sagte Amanda, »fünf Stunden an mir geschnitten, so eine Blutwurst, so eine monströse Blutwurst, hat mir der Oberarzt gesagt, wie meinc, dic Narbe 25 Zentimeter lang . . .«

Erna lachte wieder.
»Jawohl, 25 Zentimeter, kann ich beweisen, so ein Dingsda, Monstrum is ihm sein Leben lang nich begegnet un er hat bestimmt schon ein' Haufen Gallen gesehen als Oberarzt . . .«
»Herzeigen«, schrie Erna, »die Narbe zeigen!«
»Ausgerechnet so'n Lausmädchen wie dir werd ich mein' Bauch zeigen!«
Die Eingeweihten, Frau Schmitz, Frau Speckhuber, Frau Bluboschowski, mit Amandas Narbe wohlvertraut, nickten Beifall; was die Länge in Zentimetern betraf, konnte Frau Bluboschowskis Appendix mit Amandas Galle nicht konkurrieren.
»Von mir aus können Sie die Rente kriegen«, lenkte Erna ein, »ich hab nix dagegen!«
Frau Schmitz rieb sich die fettigen Finger mit einem Taschentuch sauber. »Ich weiß nicht, Amanda . . . wenn du nicht mit'n Kopf unterm Arm kommst, kriegst du sie nicht!«
Amanda nickte beklommen. Es schellte. Sie räumten ihre Reste, Tassen und Flaschen beiseite, knüllten Brotpapiere zusammen, auf die Plätze, das Band setzte sich in Bewegung, Amanda machte Schluß, ging in den Waschraum, in den dahinterliegenden Umkleideraum; ihr Posten wurde von einer andern übernommen.
Als Amanda herauskam, kurz vor zehn, blieb es zunächst still. Niemand beachtete sie, das Band lief gleichmäßig wie immer, die Nähmaschinen schnurrten in der Tonlage eines wildgewordenen Hornissenschwarms, es dauerte genau zehn Sekunden, bis Frau Bluboschowski was merkte. Sie kreischte, ihre Stimme überschlug sich, schrillte hoch, blieb oben stehen und riß ab, während Ernas Stimme noch oben stand, sie wußte eigentlich nicht, weshalb und hatte nur geschrien, weil Frau Bluboschowski schrie, Frau Bluboschowski deutete wortlos zur Türe des Waschraums, Frau Speckhuber stieß einen kurzen, schrillen Altweiberschrei aus, nun sahen alle und schrien, keine einzelne Stimme mehr zu unterscheiden, 32 Köpfe drehten sich Amanda zu, 32 Nähmaschinen verstummten, ein entsetzter Laut schlug dumpf, wie die Fluten des Roten Meeres über Pharaos Streitwagen, über dem Saal zusammen — Amanda trug ihren Kopf unter dem Arm.

Du meine Fresse, Amanda.
Niemand kümmerte sich um Frau Bluboschowski, die ohnmächtig vom Stuhl kippte, alle starrten zu der kopflosen Amanda hinüber.
Um den Hals hatte sie ihren grünen Seidenschal gebunden, am linken Arm trug sie die Tasche, mit dem rechten umfaßte sie den Kopf, sie torkelte ein paar Schritte auf unsicheren Beinen, ihre Beine mußten sich erst an das Blickfeld ihrer Augen gewöhnen, die Perspektive hatte sich verschoben, es war wie bei einem Fernsehapparat, wenn das Bild nicht richtig eingerastert ist, sie sah die Beine ihrer Kolleginnen oben, Kopf und Busen unten.
Der Betrieb stockte, das Band lief, jemand schrie »Abstellen, abstellen!« Herr Friedlieb rannte quer durch den Saal, Frau Bluboschowski erlangte das Bewußtsein wieder.
»Was ist hier los, was ist los«, schrie Herr Friedlieb außer sich.
»Amanda«, stammelte Frau Schmitz, »ja sehn Sie das nicht? Amanda trägt ihren Kopf unterm Arm!«
Irgendjemand stellte das Band ab.
»Wie konnte das passieren, so reden Sie doch, reden Sie!«
»Ich weiß nicht«, gestand Amanda, »ich hab mich gewaschen und wie ich so reibe, is ja alles morsch bei mir, habe ich ihn plötzlich in der Hand!«
Ihr Mundwerk funktionierte noch.
Herr Friedlieb klatschte in die Hände, ihn traf kein Verschulden.
»An die Arbeit, Mädchen, an die Arbeit, nun gafft nicht so dumm«, legte seine Hand um Amandas Schultern und schob sie dem Ausgang zu. »Gehn Sie endlich, halten Sie mir nicht'n ganzen Laden auf, nun gehen Sie schon!«'
Amanda ging, immer noch unsicher, Herr Friedlieb, ein bißchen weiß um die Nase, hielt ihr die Tür auf und schüttelte ungläubig seinen festsitzenden Kopf, er hatte schon allerhand erlebt, wahrhaftig, sowas erlebte er zum ersten Mal, den Weibern fällt immer wieder was Neues ein, immer wieder!
Amanda lenkte ihre Schritte behutsam, pedantisch zur Haltestelle, wenn sie auch noch schwankte, ein gewisser Linksdrall war unverkennbar, so gewann ihr Gang zunehmend Sicherheit. Natürlich gafften die Passanten, blieben stehn, drehten sich um, unverhüllt,

wie Leute in Provinzstädten ihre Neugier zeigen, wenn ihnen was Ungewöhnliches in den Weg läuft und sowas wie Amanda sahen sie tatsächlich nicht jeden Tag. Sie genierte sich.
»Mutti«, sagte ein kleiner Junge, »guck mal, was die Tante kann!«
»Pssst, Fritzchen — diese Tante ist krank!«
Hoffentlich merken das die Herren Obermedizinalräte auch. Amanda schenkte der Frau einen dankbaren Blick, dennoch bedrückte sie ihre Kopflosigkeit schwer, der Preis für die Rente schien ihr plötzlich zu hoch, aber war es denn ihre Schuld? Endlich rumpelte die Straßenbahn, schräg in der Luft hängend, heran, die Oberleitung lief unter den Schienen. Amanda rückte den Kopf gerade, erreichte nach einigen vergeblichen Klimmzügen das Trittbrett, schwang sich hinauf, die Suche nach dem Geldbeutel bereitete neue Schwierigkeiten, ein zuvorkommender Herr hielt ihr, zwar erstaunt, aber ohne mit einer Wimper zu zucken, die Tasche auf.
Der Schaffner, anscheinend ein Witzbold, bemerkte, während er ihren Fahrschein abstempelte: »Aber, aber Fasching is doch längst vorbei!«
Amanda belehrte ihn, daß es um ihre Rente ging.
Die Bahn war verhältnismäßig leer um diese Zeit. Ihr Linksdrall führte sie neben einen Mann, auch im Rentenalter, sie setzte sich, setzte sich den Kopf wie einen Krautkopf auf den Schoß und mußte ihn ordentlich festhalten, damit er nicht unter die Bank purzelte, zumal die Bahn rüttelte und schlingerte als ginge es über Treppen.
»Frau«, sagte die Hausfrau ihr gegenüber, die ihre Neugier nicht länger bezähmen konnte, »jetzt muß ich einmal dumm fragen — wo sind Sie denn mit Ihrem Kopf reingekommen?«
»Nirgends«, erklärte Amanda schlicht, »ich will bloß meine Rente!«
»Hab ich mir gleich gedacht«, mischte sich der ältere Mann ein, »daß Sie um die Rente eingeben wollen!«
Die Hausfrau erkundigte sich, ob und welche Schwierigkeiten es gab, lauschte interessiert, auch der ältere Mann, auch die übrigen Fahrgäste wurden aufmerksam, wie sie es mit dem Essen halten wollte, wußte Amanda selbst nicht, es würde sich erst noch herausstellen, vielleicht konnte sie kleinere Portionen direkt in die Speiseröhre stecken, »Gesundheit«, sagte die Hausfrau, »ist eben das höchste

Gut« und alle Fahrgäste stimmten ihr zu. Sie unterhielten sich, angeregt, bis Amanda umsteigen mußte, über ihre Erfahrungen mit Ärzten, die Erfahrungen ihrer Bekannten mit Ärzten, über ähnlich wie Amanda gelagerte Fälle, eine Frau, beispielsweise, die man, wenn sie auf der Straße lief, nicht mehr laufen sah, einen total zerstückelten Mann, von dem sie bei der Untersuchung Handstand und Kniebeugen verlangten, und so gesehen war Amanda nur ein kleiner Fisch.

Vor der Anmeldung standen sie Schlange. Amanda reihte sich ein, wartete unverdrossen. Die Leidensgenossen musterten sie düster und neidisch, die Opfer ihres Berufs, ihrer Lebensweise, ihrer Konstitution, die Rheumatiker, Asthmatiker, Hypochonder, Diabetiker, die Gallensteine und Nierensteine, die Harnwege und Magengeschwüre mißgönnten Amanda das große Los.

Ein Fräulein am Schalter nahm, ohne aufzusehen, ihre Karte entgegen, reichte ihr eine Nummer, 53, sie sollte warten, bis Nummer 53 aufgerufen wurde.

Eine Dreiviertelstunde verging. Die Nummer wurde aufgerufen. Amanda watschelte, mit unverkennbarem Linksdrall ins Ordinationszimmer.

Der Obermedizinalrat, sichtlich tief beeindruckt von ihrem Auftritt, nahm die Brille ab, säuberte sie, als läge der Fehler an seiner Brille, setzte sie auf und blinzelte ein paarmal als wolle er ein Insekt in Tränen ersäufen, Amanda unterdrückte mit beiden Händen ein Lächeln. »Das ist eine ganz neue Masche, liebe Frau. Ich muß mich wundern!« Damit griff er begierig nach Amandas Kopf. »Nun zeigen Sie das Ding mal her!«

Sie weigerte sich, das Ding herzugeben, zählte auf, was ihr fehlte, Galle, Kreislauf, Bandscheibe, Stoffwechsel und nun der Kopf. Er hakte die einzelnen Posten auf ihrem Krankenblatt ab und gab der Sprechstundenhilfe hintenrum einen Wink.

»Nun setzen Sie sich mal schön her, liebe Frau, und machen Sie Aaaah.«

Amanda setzte sich schön, machte Aaaah, der Obermedizinalrat näherte sich mit einem versilberten Löffel, beugte sich herunter, sie öffnete den Mund, er drückte die Zunge nieder, schaute durch

Rachen, Luftröhre, Speiseröhre, Kehlkopfeingang und sah den gebohnerten Fußboden und Amandas Schuhe.

Das war zu erwarten. Der Obermedizinalrat schlug vor, es nun mit einem Spaziergang auf allen Vieren zu versuchen, und wies ihr die Strecke an, für Frauen ihres Alters durchaus in zulässigen Grenzen: Einmal um den Schreibtisch.

Sie bückte sich, indem sie das linke Bein behutsam vor das rechte setzte, langsam in die Hocke ging, ihren Kopf unterm rechten Arm, die linke Hand stützte sie auf, doch nach dem ersten Schritt knickten ihr bereits die Knie ein.

Zugegebenermaßen keine ganz leichte Übung und weil sie die Rübe partout nicht loslassen wollte und konnte, versuchte sie es auf allen Dreien. Auf halber Strecke meldete sich ihre Bandscheibe, da Amanda nicht hochkam, purzelte sie einfach zur Seite. Der Obermedizinalrat beobachtete jede Bewegung aufmerksam, diktierte dem Fräulein in die Maschine, das Fräulein kam Amanda, da sie sich aus eigener Kraft anscheinend nicht mehr aufrichten konnte, zur Hilfe. »Versuchen Sie es nochmal« ermunterte der Obermedizinalrat, sie versuchte es nochmal. Vor dem Schreibtisch angelangt, machte sich ihr Blutdruck bemerkbar, sie brachen die Übung vorzeitig ab.

»Nun wollen wir mal auf diesen Stuhl steigen, liebe Frau!«
Amanda ergriff die Lehne, bemühte sich nach Kräften und hob das Bein, doch so oft ihr Schienbein die Kante der Sitzfläche erreichte, rutschte es ab, während sie sich an die Lehne klammerte, knackte der Stuhl, der Obermedizinalrat befürchtete das Schlimmste, der Stuhl war ohnehin wackelig, bevor sie ihn ruinierte, rief er »genug, genug, liebe Frau!«

Amanda wechselte den Kopf des öfteren von einer Hand in die andere, der Obermedizinalrat befahl Rumpfbeugen, beugen, beugen, drehen, drehen, sie hatte den Kopf rechts untergefaßt, ihr Linksdrall wirkte sich vorteilhaft auf die Drehungen aus und als ihr nicht nur eins, beide Fenster entgegenkamen, und sie glaubte sich bereits zwischen Scherben, hob sich der Fußboden, Arzt und Sprechstundenhilfe schwebten auf und nieder, beruhigten sich die Fenster, Amanda fühlte sich gebremst und begrub ihren Kopf unter sich.

»Liebe Frau«, rauschte eine bekannte Stimme, »nun stellen Sie sich mal auf den Kopf!«
Sie legte ihn vor sich auf den Boden, die Sprechstundenhilfe bot ihr hilfreich den Arm, Amanda zögerte, wie leicht konnte sie die empfindliche Schädeldecke verletzen, hörte von fern eine Stimme »nicht so zaghaft, liebe Frau« — und stellte sich vorsichtig drauf.
»Ein kleines Mißverständnis, liebe Frau«, sie fürchtete, der Arzt würde die Geduld verlieren, überhörte nicht, wie gereizt seine Stimme klang, die Sprechstundenhilfe erklärte ihr die Technik des Kopfstands, Amanda zierte sich, es half wenig. Sie ging in die Hocke, drückte die Schultern zu Boden und rollte zur Seite. Es wollte nicht glücken, auch der zweite, auch der dritte Anlauf mißlang.
»Solange Sie die verdammte Rübe nicht loslassen«, schrie der Obermedizinalrat erbittert, »kommen Sie nie in die Höhe!«
Die Sprechstundenhilfe mußte eingreifen, faßte Amandas Beine und ließ Amandas Körper mit einer sachten Rolle rückwärts zu Boden gleiten.
Es haperte natürlich, es haperte überall.
Sie durfte sich setzen, die Übungen hatten sie doch sehr mitgenommen.
»Nun«, sagte der Obermedizinalrat freundlich, indem er sich den Schweiß von der Stirn tupfte, auch er schien mitgenommen, »nun sind Sie erlöst, liebe Frau!«
Er diktierte. Amanda verstand nichts, wäre jetzt Frau Bluboschowski an ihrer Stelle, die würde alles verstehn, sie wartete schweratmend auf das Untersuchungsergebnis, zupfte ihre zerraufte Frisur zurecht.
»Bäume«, sagte der Arzt, »Bäume können Sie natürlich nicht mehr ausreißen, liebe Frau!«
Er ging zum Waschbecken, seifte die Hände ein.
Amanda fand, sie hätte nun schon viel zu viel Zeit vergeudet. Sie blickte klein und bescheiden zum Obermedizinalrat auf, der sich die Hände trocken rieb.
»Herr Doktor — was ist nun mit meiner Rente?«
Die Sprechstundenhilfe reichte ihm das Blatt, er überflog es nur kurz.

»Sie sind Näherin?«
»Keine gelernte, ich setze bloß Reißverschlüsse ein.«
»Tja.« Er zog jedes Wort in die Länge. »Da müssen Sie sich noch ein paar Jahre gedulden. Beim Handstand hapert es natürlich . . . aber für eine sitzende Tätigkeit sind Sie ohne weiteres noch zu verwenden.«
»Auf Wiedersehen«, sagte Amanda, ihre Stimme verriet Enttäuschung. Sie nahm den Kopf unter den Arm und wackelte mit einem leichten Linksdrall hinaus.
Schuld war die Schmitz. Na warte, wenn ich in die Bude komme, der werd' ich was erzählen!

★

## *Zweite Schlußfassung*

»Nun setzen Sie sich mal schön her, liebe Frau, und machen Sie Aaah.«
Amanda setzte sich schön, machte Aaah, der Obermedizinalrat näherte sich mit einem versilberten Löffel, beugte sich herunter, sie öffnete den Mund, er drückte die Zunge nieder, schaute durch Rachen, Luftröhre, Speiseröhre, Kehlkopfeingang und sah den gebohnerten Fußboden und Amandas Schuhe. Er nickte, während Amanda noch ihr langgezogenes Aaah hauchte, nahm er den Kopf aus ihren Händen, setzte ihn auf den Hals, drehte, ruckte, die Sprechstundenhilfe reichte Nadel und Faden, er nähte, nähte rund um den Hals eine saubere Naht.
»Fertig, liebe Frau«, sagte er bewundernd, »jetzt sitzt er wieder wie angegossen!«
»Jaa — und meine Rente, Herr Obermedizinalrat?«
»Ihre Rente? Wieso? Tja, da müssen Sie sich noch ein paar Jahre gedulden!«
Er ging zum Guß, drehte den Warmwasserhahn auf, seifte die Hände

ein, wandte sich, händereibend, nochmal Amanda zu. »Dieses Verfahren verdanken wir einem Inspektor der hiesigen Ortskrankenkasse, ich habe es zum ersten Mal angewandt! Aber seien Sie vorsichtig, wenn Sie den Hals waschen — öfter als zweimal können wir Ihren Kopf nicht aufsetzen!«

»Auf Wiedersehn«, sagte Amanda. Um ehrlich zu sein: Sie war froh, daß ein Inspektor der Ortskrankenkasse dieses neue Verfahren erfunden hatte.

## *Ein Skelett im Haus*

Herr Lebegern kehrte in der Dämmerung zurück in den Schoß der Familie. In sein Haus im Grünen, eine Verheißung aus den Prospekten der Bausparkassen. Aber die Wolken schleiften tief und waren geladen, Windböen beutelten die Silbertannen und weiter westlich gab es schon Zunder.

Als er den Wagen in die Garage gefahren, die Garage abgesperrt hatte, stand ein Fremder vor ihm.

Da schießt jemand aus dem Boden, wo vorher niemand war.

Oder wartete schon lange auf ihn hinter dem Rhododendron.

Im Haus wurden die Jalousien geschlossen. Herr Lebegern konstatierte plötzlich Kühle und Stille. Die herabgelassenen Jalousien vergrößerten die Entfernung zum Haus.

Der Fremde war zerlumpt. So läuft man bei uns nicht mehr herum. Ein Knochengerüst mit Pergament überzogen. Sah aus wie eine alte Sünde, an die keiner erinnert sein möchte, eine unerkannte Sünde, er wußte nicht, wo er sie einordnen sollte. Etwas an diesem Fremden verstieß gegen die Ordnung, nicht genug, er selbst wurde in dessen Unordnung hineingezogen.

Fünfzig Meter Einsamkeit bis zum Haus, in das er sich wünschte, hinter die Ritzen der Jalousien, in das Licht über dem Eßzimmertisch, die Stimme seiner Frau, na wie wars heute, hat es Ärger gegeben?

Was wollen Sie hier, fragte Lebegern, denn seine Laune war für den Abend verdorben.

Wir wollen teilen, sagte der Fremde. Es gibt ein Gewitter. Hörst du? Jeden Moment kann es regnen, wir werden klatschnaß.

Da scheint ein Mißverständnis vorzuliegen. Regen rasselte nieder, Blitz, Pauken, Trompeten. Teilen? Was teilen, sagte Herr Lebegern, ich habe mich wohl verhört.

Teilen, Halbehalbe machen, du hast richtig verstanden, Geschäft, Haus, Grundstück: Alles wie unter Brüdern.

Verschwinden Sie, sagte Herr Lebegern. Sofort. Verschwinden Sie augenblicklich.

Ein Verrückter. Ein Skelett, irgendwo ausgerissen, wo es nichts zu es-

sen gibt und nichts anzuziehn und kein Bett und kein Bad, Lebegern lief zum Haus durch den Wolkenbruch, schloß die Tür hinter sich zu. Vielleicht würde er merken, daß er nicht willkommen war und verschwinden. Ein Auge an den Ritzen der Jalousie spähte Lebegern in den Garten. Das aufdringliche Skelett stand vor dem Haus, triefend, und bettelte Lebegerns Auge an, das fühlte er, diese räudigen Blicke, das Essen steht auf dem Tisch, sagte seine Frau.
Er schlang hastig. Es frißt uns, wenn wir uns nicht beeilen, die Haare vom Kopf. Der seelische Schaden war angerichtet, unermeßlich bis in die Nacht und noch schwärzer, beeilt euch, nehmt Messer und Gabel, trieb er die Seinen an, bevor es zu spät ist, es will unser Geld.
Als es aufgehört hatte zu regnen, der Mond in Betrieb zwischen grünem Kumulus, stand es beim Rhododendron mit auf dem Brustkorb gekreuzten Armen und grinste zu seinem Schlafzimmer herauf, es heulte. Es legte den Kopf schief, es blinzelte, es wedelte mit dem Schweif, es bettelte um ein Stück Wurst.
Heimlich schlich er zum Telefon um zu retten, was noch zu retten war, wählte und preßte den Hörer ans Ohr.
Hallo, hallo. Ist da die Irrenanstalt?
Kein Schwein zuhause. Hier spricht Lebegern. Bei mir steht ein Skelett im Garten, hören Sie mich. Es verlangt mein Haus, mein Geschäft, mein Geld. Es hat Hunger und behauptet, es wäre mein Bruder, mitten im zwanzigsten Jahrhundert. Sie können es abholen. Beeilen Sie sich, es frißt uns die Haare vom Kopf.
Nach diesem Gespräch sagte sich Lebegern, daß er es bis zum Eintreffen der Irrenanstalt wohl besser an einem sicheren Ort verwahrte. Komm, sagte er zum Skelett, gehn wir in den Kohlenkeller, dort ist es trocken. Anschließend, wenn ich die Kinder zur Schule gefahren habe, bringe ich dir ein Frühstücksei.
Es folgte arglos. Lebegern stellte einen ausgedienten Gartenstuhl auf, du wirst müde sein, sagte er, setz dich, und breitete einen schwarzen Kohlensack zu seinen Füßen aus, denn seine eigenen Zehen waren bereits gefühllos vor Kälte und Nässe.
Ich möchte dir keine Umstände machen.
Du hast Nerven, sagte Herr Lebegern.
Die Sonne strahlte diesen Morgen, Frau Lebegern saugte Staub, die

Irrenanstalt ließ auf sich warten, allmählich wurde es ihm zu dumm, er beschloß, es zu beseitigen falls es nicht abgeholt wurde binnen 24 Stunden, denn seine Hartwürste hingen im Keller, der Wein lagerte dort unten im Regal und eine Menge Konserven für schlechte Zeiten, das alles, die gesamten Vorräte schwebten in Gefahr.
Wiederholte Anrufe blieben ohne Erfolg.

Lebegern erschien mit Gläsern im Keller, entkorkte eine Flasche. Wir wollen über die Zukunft reden, sagte er, von Mann zu Mann, schüttete dem Gast einen gehäuften Eßlöffel Rattengift ins Glas, der Wein sah aus wie ein Auto auf staubiger Landstraße, sie tranken ex.

Lebegern schaufelte ein Loch hinter der Garage.

Dies war überflüssig. Es hatte sich, statt vergiftet im Keller zu liegen, zu Frau Lebegern in die Küche geschlichen und leckte eine Porzellanschüssel aus, während sie den Kuchenteig in die Backröhre schob. Wer beschreibt sein Entsetzen, er mußte jetzt klaren Kopf behalten, sich zusammenreißen, laß meine Frau in Ruhe flüsterte er wütend, und sie fragte vorwurfsvoll, ob er heute nicht ins Geschäft gehen wolle.

Nein, sagte Lebegern, ich werde andere Seiten aufziehn, und schleppte es, trotz erbitterter Gegenwehr und Geschrei, zurück in den Keller, du bleibst hier und läßt meine Frau in Ruhe, dabei überlegte er, ob es nicht besser wäre, ihm direkt auf die blutige Art, begleitet von freundlichen Worten, ein Messer in den Rücken zu stoßen. Er fesselte es mit einer Wäscheleine an den Wäschepfahl. Er holte ein Gewehr und schoß es mehrmals tot, immer genau zwischen die Rippen, leider pfiffen die Kugeln hindurch ohne den geringsten Schaden anzurichten.

Lebegern setzte sich, damit es nicht wieder nach oben entwischte, in den ausgedienten Gartenstuhl. Er selbst ging nur hinauf, um zu telefonieren. Aber die Irrenautos waren alle unterwegs oder unterwegs liegengeblieben oder in Unfälle verwickelt, Lebegern faßte sich in Geduld. Er betreute es und goß es und allmählich wurde es grün.
Doch es litt. Nachts fror es jämmerlich. Die Wäscheleine, was noch unangenehmer war, wuchs tiefer in Hand- und Fußgelenke, es klagte über schlechte Behandlung, vergiftet, ertrunken, erdrosselt, ersto-

chen, erschossen, und wie werde ich frieren, wenn der einsame Winter kommt.
Herr Lebegern schaffte einen Sack voll Kohlen herbei, es wärmte seine Füße daran, unergründlich melancholisch lächelnd und immer noch hinter Lebegerns Reichtum her.
Im Herbst setzte eine Spinnenplage ein. Sie kribbelten, krabbelten über das ganze Skelett hin, das außerstande war, sich zu kratzen wenns juckte, und im Frühling schlüpften die Blattläuse aus und Lebegern besprühte es mit einem Pflanzenschutzmittel, die sollten sehen, wenn sie es abholten, daß er es gepflegt hatte wie sein eigenes Kind obwohl er zu nichts verpflichtet war.
Selbstverständlich hätte er es lieber hinausgestoßen auf Nimmerwiedersehn, endgültig zu seinesgleichen hinaus, in die Strudel reißender Flüsse, die verkrusteten Betten bergauf und bergab, wo die Armen rumorten, die keine Ruhe gaben, ihre Jungen in die Welt setzten, in den heißen Wind der Empörung bevor es ihn selber, Herrn Lebegern kopfunter an seinen Gedanken gehängt, in die Ewigkeit schleppte, es ist mein Haus, mein Grundstück, mein Geld, mein Geschäft, es gehörte mir vorher, ich habe es verloren, ich verlange es zurück, du hättest eben, sagte Lebegern, kein Abenteurer werden dürfen, der gesunde Menschenverstand rückt nicht heraus was er besitzt oder denkst du, mir macht es Spaß, dich zu bewachen: Immer auf der Lauer, immer auf dem Sprung. Wenn du dich losreißt, Bruder, kann ich betteln gehn bei den Brüdern und du weißt ja, wie Brüder sind.
Eine sanfte Schwester trat ein, hinter ihr zwei Brüder die nach Baldrian rochen und nach Gummizellen.
Sind Sie die Herrschaften von der Irrenanstalt?
Herr Lebegern war äußerst gereizt. Wo bleiben Sie so lange, lassen mich warten jahraus, jahrein mit einem Skelett im Haus.
Wir haben sehr viel zu tun, entschuldigte sich der Bruder, wir sind ständig im Einsatz, manche Patienten haben ein Dutzend Skelette im Haus.
Es wartet auf dem Kohlensack, sagte Lebegern, führte sie in den Keller, band es los, es befand sich in gutem Zustand, ich habe es gedüngt, gegossen, das Ungeziefer vernichtet, nur die Sonne fehlte.
Es wollte sich durchaus nicht abtransportieren lassen, spuckte um

sich, tobte, biß die sanfte Schwester ins Bein, die sich nicht beirren ließ und von sonnigen Räumen erzählte und hellen Tapeten, von Buntstiften und Malkästen, wir haben auch zwei Fußballmannschaften die jeden Samstag um den Pokal kämpfen, wir haben viele kleine Eichhörnchen und eine Tante die Märchen erzählt und alle sind lustig bis abends das Sandmännchen kommt.

Du darfst auch in der ersten Mannschaft stürmen, sagte der Bruder tröstlich und verpaßte ihm eine Beruhigungsspritze, aber nur wenn du hübsch artig bist.

Frau Lebegern stand hinterm Vorhang als das Auto abfuhr und weinte.

# *Die Fabel vom Eichelhäher*

Für die Vögel in freier Wildbahn war eine Zeit angebrochen, in der jeder jeden fürchtete und einer dem andern mißtraute.

Der große Geier in seinem frischtapezierten Raum, der vollgestopft war mit Käfigen, Käfige standen auf dem Boden, Käfige hingen an den Wänden, witterte Morgenluft, übte Lockrufe und bügelte sein Gefieder. Auf diesen Tag hatte er lange warten müssen. Es war alles vorbereitet, neue Tapeten mit Rosenmustern, Blütenranken, grünen Blättern, dergleichen harmonische, prächtige Gebilde, davon war der Geier überzeugt, brachte die Freiheit nie hervor. Aber nichts erfüllte ihn mit solchem Stolz als der Anblick der Käfige, in bunten Farben gestrichen, die Gitterstäbe verchromt, mit lustig baumelnden Spieglein und Wippen, alle Näpfe mit Wasser und Körnchen gefüllt: Wenn sie heimkehrten aus den Unbilden der Freiheit sollten sie sich gleich wieder zuhause fühlen.

Er öffnete das Fenster. Er stieß die Käfigtüren auf. Sein Lockruf ertönte.

Die ängstlichen Sänger flogen ihm zu scharenweise. Ihre aufgeregten Stimmen gaben Antwort, ihre Flügel rührten die Luft wie Quirle. Überwältigt von Rührung salutierte er vor seinen von langer Wanderschaft erschöpften Heimkehrern, die eine zeitlang unter Sternen wohnten und schliefen, in Gefahren, die keine lebendige Kreatur verschonen, und er, der große Geier, konnte jedem Vogel nachfühlen, was er in dieser Stunde des Wiedersehens empfand.

Eine endlose, freudig zwitschernde Vogelschar schwirrte zum Fenster herein, einige zögerten zwar, schließlich kurvten auch sie, angesteckt von der Begeisterung ihrer Artgenossen, zielstrebig in die lange vermißten Behausungen. Schon ihre Vorfahren zwitscherten zwischen ähnlichen Tapeten und fühlten sich wohl, und aus diesen Käfigen erschallten ihre munteren Lieder.

Der große Geier überzeugte sich persönlich, ob noch irgendein schutzbedürftiger Vogel Einlaß begehrte. Er sah keinen mehr. Er hörte aus dem Gebüsch, aus den Wäldern, von den Drähten der Stromleitung den Gesang der wilden Artgenossen.

Seht her, meine Vögel, verkündete er feierlich, die Sonne geht auf, das neue Morgenrot ist angebrochen, und schloß beide Fensterflügel und ließ die Jalousie herab.

Entscheidungen über das Schicksal der Vögel werden bevorzugt in einem verdunkelten Zimmer getroffen.

Sie jubelten aus voller Kehle. Sie jubelten stets aus unerfindlichen Gründen.

Dem Eichelhäher, als komischer Vogel gefürchtet und geschätzt, wurde angst und bang. Er war aus Neugierde mitgeflogen um die Architektur der Käfige anzusehn, ob sie wirklich, wie erzählt wurde, vergoldet und versilbert waren, mit Wippen, Glocken und Spiegeln ausgestattet, er wollte nur einmal in einer Badewanne aus Marmor plätschern und alle erhabenen Kunstwerke besichtigen, die es in der Gefangenschaft gab. Auch wollte er den Wohltäter und Beschützer der hilflosen Vögel kennenlernen.

Nachdem er sich ein Bild von der drangvollen Enge gemacht hatte, flog er zum Fenster, das verschlossen war. Da er bisher in Freiheit gelebt und keine Ahnung von den Praktiken der Mächtigen hatte, plusterte er sich vor dem Geier auf.

Ich weiß jetzt Bescheid, sagte er naiv, ich möchte wieder hinaus zu den Buchen.

Die fahle Beleuchtung, nur durch die schmalen Ritzen der Jalousie fielen Strahlen der aufgehenden Sonne, veränderte Geiers Gestalt. Er dehnte sich, reckte sich, wuchs über sich hinaus, ein riesenhafter Vogel Rock in der Frühdämmerung am verriegelten Fenster.

Keine Eigenmächtigkeiten, krächzte er kurz. Der einzelne Vogel ist nichts, das Volk ist alles. Die Grenzübergänge sind geschlossen. Keiner fliegt außer Landes. Genug des dummen Gezwitschers. Ich werde euch zu wehrhaften und winterharten Vögeln heranbilden, die nur eine Sehnsucht kennen, einen Willen und eine Fahne!

Bei diesen Worten spätestens hätte den arglosen Vögeln der stupide Jubel über ihre neugewonnene Gefangenschaft in der Kehle steckenbleiben müssen. Weit gefehlt, sie taumelten tririllierend von Käfig zu Käfig, wippten auf den Schaukeln, bestaunten sich im Spiegel, bespritzten sich mit Badewasser. Nur ein Vogel kann verstehn, warum sie sich so geborgen wähnten unter den Fittichen des Räubers.

Ausbrechen, ausbrechen, schrie der Eichelhäher, dabei flatterte er wie verrückt um den Lampenschirm.

Er wurde umringt von seinen Artgenossen, die ihn durch gutes Zureden zur Vernunft bringen wollten und fragten, ob er nicht bei Troste sei, sich gegen den großen Beschützer, der es gar nicht gern hörte, wenn jemand seine Käfige schmähte, aufzulehnen. Sie nannten ihn undankbar und erinnerten ihn an Habichte und Eulen und andere Gefahren die überall in der Freiheit lauerten, und wie schwer es war in harten Wintern, genügend Körnchen und Larven zu finden, alles vergeblich. So schlimm war die Freiheit nicht, erwiderte der störrische Eichelhäher, und setzte sich aufs Ofenrohr und starrte zum verschlossenen Fenster hin und entwarf Pläne wie er dem Gefängnis entfliehen konnte.

Der Zaunkönig erzählte dem großen Geier unter beifälligem Kopfnicken der Kollegen, wie es ihnen ergangen war seit jener schrecklichen Nacht, als der Traum aller Gefangenen sich erfüllte und ihre Käfigtüren geöffnet wurden. Viele sind elend umgekommen, gefressen von streunenden Katzen, von Mardern, Eulen und Falken, viele sind an Entkräftung, Hunger, Kälte, und in den Schlingen der Jäger gestorben, denn die Welt ist lieblos, schrie er bitter, unsere Anführer haben die drohenden Gefahren erkannt und nichts unternommen, sie nahmen die fetten Pfründen und ergiebigen Reviere für sich in Beschlag, sie schanzten sich die besten Körnchen und feisten Maden zu, kröpften sich und hielten Palaver. Vielleicht wäre alles noch gut gegangen, ereiferte sich der Zaunkönig, wenn die andern, die gewohnt waren, in Freiheit zu leben, uns beigestanden wären. Aber die freien Vögel haben uns allein gelassen . . .

Ich bin im Bilde, sagte der große Rock väterlich, wie es einem Ungeheuer ansteht, und winkte ab, indem er die Schwinge spreizte.

Setz dich, mein Lieber. Ich danke dir. Wir werden auch aus dir einen Wehrvogel formen.

Keiner achtete auf den unglücklichen Eichelhäher. Nicht einmal der wachsame Kiebitz, dem aufgetragen war, subversive Elemente diskret im Aug zu behalten. Obwohl er das Ofenrohr ständig beschattete, konnte er nicht verhindern, daß der Häher abstieß, wild rudernd, und kurz vor dem Fenster beide Flügel anlegte, in offenbar selbstmörderischer Absicht oder um zu fliehen, was unmöglich war, und im nächsten Moment gegen die Scheibe prallte. Die Scheibe klirrte nicht, bekam keinen Sprung, der Häher taumelte betäubt auf die Fensterbank nieder.

Indes der Kiebitz auf Kohlen saß, denn er wünschte kein Aufsehen, vor allem durfte der Verzweiflungsflug nicht in die Presse gelangen, bemühte sich der Wiedehopf um seinen ohnmächtigen Freund.

Der Geier ignorierte den Fluchtversuch des renitenten Vogels. Er setzte zu seiner großen Regierungserklärung an, und versprach den Vögeln die alte, gewohnte Ordnung unter seinem Schutz wie in vergangenen Zeiten, jeder erhält seine Ration Trinkwasser und Badewasser, eine Portion Körnchen zweimal am Tag, alles gesetzlich geregelt, auch die Plätze auf der Gardinenstange, der Lampe und auf dem Ofenrohr. In diesem Zimmer, schloß er, werden glückliche Jungen ausschlüpfen, wir werden gemeinsam schöne Lieder singen, drei vier, alles mitsingen: Auf, auf Kameraden aufs Pferd, aufs Pferd . . .

Menschensvogel, du mußt wahnsinnig sein, sagte der Wiedehopf zum Häher, der sich aufrappelte mit glasigen Augen, wenn er will, kann er dir sämtliche Federn ausrupfen, sieh dir nur diesen Schnabel an!

Ins Feld, in die Freiheit geflogen, sangen die Kameraden, der Häher lachte. Er hielt nichts vom Sterben wie alle Vögel, und wußte: Das ganze Land war erfüllt vom Tod, ohne daß man ihn sehen konnte und hören konnte in den Bäumen, er verflüchtigte sich in der Luft, aber hier in diesem Zimmer lastete sein Gefängnisgeruch erdrückend, und in den hoffnungslosen Lichtstrahlen, die gerade noch hereinfielen durch spärliche Ritzen in das Grab der lebendigen Vögel, im Staub dieses Zimmers glänzte etwas, das schlimmer war.

Der Kiebitz jagte den Häher auf die Gardinenstange, verfolgte ihn weiter, nicht umsonst war er zum Ordnungshüter bestellt, erst unter, dann übers Ofenrohr.

Wenn du noch einmal lachst, während wir die Hymne intonieren, schrie er zornig, denn eine gewisse Feierlichkeit muß bei aller überschäumenden Begeisterung gewährleistet sein, die übrigen Vögel intonierten unverdrossen.

Warum verschließt er Fenster und Läden?
Zu unserm Schutz, damit uns kein Feind überfallen kann.
Eure Feinde sind mir egal.
Dann wirst du, vollendete der Häher den ersten Satz, in einen Beruhigungskäfig gesteckt, ohne Dusche und Badewasser, mit einem schwarzen Tuch drüber, und ringsum die finstere Nacht.
Ich will hinaus. Ich bin guten Glaubens mitgeflogen.
Der Kiebitz mußte ernstlich um seine Karriere bangen.
Du bist ein toter Vogel, sagte er beschwörenden Tones zu dem einstigen Freund, wenn du dich nicht gewaltig am Riemen reißt, wirds nicht lange dauern, bis der Geier dein Gewöll auf den Fußboden spuckt und meines dazu.
Der Häher drehte einen Looping um die Lampe. Die Sänger und Schreihälse wurden still. Er setzte sich ruhig auf die Fensterbank, nahm endlich Vernunft an, lachte nicht und meuterte nicht.
Der große Vogel Rock hielt seine letzte Rede vor dem gemütlichen Teil. Der Häher machte sich an der Gardinenschnur zu schaffen. Der Kiebitz hüpfte unruhig auf dem Ofenrohr. Die Vögel schwiegen ergriffen.
Wir gedenken der Vögel, die ihr Leben ließen in den Krallen der Katzen. Wir gedenken der Vögel, die ihr Leben ließen in den Fängen der Eulen. Wir gedenken der Vögel, die ihr Leben ließen unter den Zähnen des Marders.
Der Häher legte sich die Schlinge um den Hals und schrie: Gepriesen seien die Toten!
Der große Vogel Rock hielt irritiert inne. Blickte mit ruckartigen Kopfbewegungen in die Runde, erzürnt über den Störenfried.
Gepriesen seien die Toten, schrie der Eichelhäher und sprang.
Der Geier beendete die Totenehrung. Er gab der Musik ein Zeichen.
Ich hatt einen Kameraden, alle Vögel stimmten ein.
Stellen Sie fest, sagte der Geier zum Kiebitz, wer die Feier gestört hat.
Großer Beschützer der wehrlosen Vögel, raunte der Kiebitz, ich fürchte, da ist eine schreckliche Schweinerei passiert, ich sehe nach, und schwang sich zum Fenster.
Ein Unglück, wimmerte der Zaunkönig, ein entsetzliches Un. . .
Schnabel halten! Der Kiebitz bewahrte Fassung. Zu niemand ein

Wort, verstanden! Er zog die Gardine so über den leblosen Körper, daß keiner im Raum außer den Umsitzenden, Zaunkönig und Wiedehopf, die Leiche des Hähers bemerken konnten. Singen, zischte er, singen!

Sie stimmten gehorsam, wenn auch leise schluchzend, in den Refrain mit ein, die Vöglein im Walde, sie sangen so wunder-wunder. . . wir werden sagen, er war geistig umnachtet, ja, das ist nicht mal gelogen, er war geistesgestört.

Und jetzt, liebe Vögel, der große Rock schlug ausgelassen mit den Flügeln, sollt ihr alle lustig sein! Tanzen und singen, tririllieren und lustig sein!

Die Musikanten begannen zu schmettern. Sie tanzten und sangen, trillerten, schlugen mit Flügeln, ihre Schwänzchen wippten, fern der Eulen, Katzen und Marder.

Der Selbstmord war nicht geheimzuhalten.

Der Kiebitz verjagte jeden, der sich nähern wollte, um den Toten zu sehn. Rufe nach dem Eichelhäher, nach dem Spaßvogel wurden laut. Wo blieb der Clown, wo blieb sein Gelächter? Wilde Gerüchte gingen um. Der Tod hieß es, habe auf mysteriöse Weise zugeschlagen. Es war ein Unfall. Es war Mord. Es war Selbstmord. Aber weshalb? Der alte Spaßvogel litt unter Depressionen.

Weiterfliegen, hier gibts nichts zu sehn, wehrte der Kiebitz die Zudringlichen ab.

Warum gerade er? Sein Gelächter über den Wipfeln, den Wildwechseln der Jäger, warum gerade er stumm an der Gardinenschnur hängt.

Verschwindet, Leute. Habt ihr noch nie eine Leiche gesehn?

Er schrie noch etwas. Bevor er sprang, schrie er: Gepriesen seien die Toten.

Damit wollte er sich der Ehrung unsrer Brüder und Schwestern anschließen, die in der Freiheit ermordet wurden. Seht mal dorthin, Leute, sie machen einen Fackelflug!

Der Zaunkönig verkroch sich, schweigsam geworden, in die hinterste Ecke des Käfigs. Wieder zu den hellen Ufern der Bäche, in die Dornenhecken. So hart war die Freiheit nicht. Auch ich bin guten Glaubens mitgeflogen. Laßt mich hinaus, wozu sind einem Vogel Flügel

gewachsen. Das ganze Land erfüllt vom Tod ohne daß man ihn sehen, hören, riechen kann in den Bäumen. Irgendwann überschreitet wieder ein Traum die Schwelle der Gefangenschaft und läßt uns hinaus.
Schluß jetzt, befahl der Geier. Alles in die Käfige.
Hinter ihnen schloß er die Türen zu.